ERGONOMIA VISUAL

Camila Freitas Sarmento

✷ Os livros dedicados à área de *design* têm projetos que reproduzem o visual de movimentos históricos. As aberturas e títulos deste módulo, com elementos fragmentados, formas aleatórias, mistura de tipografia e estilos e brincadeiras visuais, relembram o *design* pós-moderno, muito difundido nos anos 1980.

ERGONOMIA VISUAL

Camila Freitas Sarmento

inter
saberes

inter saberes

Rua Clara Vendramin, 58 . Mossunguê . CEP 81200-170 . Curitiba . PR . Brasil
Fone: (41) 2106-4170 . www.intersaberes.com . editora@intersaberes.com

Conselho editorial
Dr. Ivo José Both (presidente)
Drª Elena Godoy
Dr. Neri dos Santos
Dr. Ulf Gregor Baranow

Editora-chefe
Lindsay Azambuja

Gerente editorial
Ariadne Nunes Wenger

Assistente editorial
Daniela Viroli Pereira Pinto

Revisão
Larissa Carolina de Andrade

Edição de texto
Mille Foglie Soluções Editoriais

Capa
Charles L. da Silva (design)
Patty Chan/Shutterstock (imagem)

Projeto gráfico
Bruno Palma e Silva

Diagramação
Carolina Perazzoli

Equipe de design
Débora Gipiela
Charles L. da Silva

Iconografia
Naiger Brasil Imagem
Regina Claudia Cruz Prestes

Dados Internacionais de Catalogação na Publicação (CIP)
(Câmara Brasileira do Livro, SP, Brasil)

Sarmento, Camila Freitas
    Ergonomia visual/Camila Freitas Sarmento. Curitiba: InterSaberes, 2021.

    Bibliografia.
    ISBN 978-65-89818-48-9

    1. Ambiente de trabalho 2. Ergonomia 3. Ergonomia cognitiva 4. Ergonomia no trabalho 5. Organização do trabalho 6. Qualidade de vida no trabalho 7. Saúde ocupacional 8. Segurança no trabalho I. Título.

21-63234   CDD-363.11

Índices para catálogo sistemático:
1. Ergonomia: Segurança no trabalho: Bem-estar social 363.11

Cibele Maria Dias – Bibliotecária – CRB-8/9427

1ª edição, 2021.

Foi feito o depósito legal.

Informamos que é de inteira responsabilidade da autora a emissão de conceitos.

Nenhuma parte desta publicação poderá ser reproduzida por qualquer meio ou forma sem a prévia autorização da Editora InterSaberes.

A violação dos direitos autorais é crime estabelecido na Lei n. 9.610/1998 e punido pelo art. 184 do Código Penal.

Sum*ário*

Apresentação 7

1 **Breve história da ergonomia** 14
  1.1 Definições de ergonomia 20
  1.2 Análise ergonômica do trabalho 27
  1.3 Processos de análise cognitiva 30

2 **Funções do organismo humano** 40
  2.1 Funções neuromusculares 41
  2.2 Metabolismo 56
  2.3 Visão 59
  2.4 Audição 69
  2.5 Outros sentidos: olfato e paladar 71

3 **Iluminação e cores: um breve cenário** 76
  3.1 Cores 79
  3.2 Fotometria 87
  3.3 Ofuscamento 98

4 **Percepção e organização de informações** 106

4.1 Memória 117

4.2 Tomada de decisão 124

5 **Dispositivos de informação** 134

5.1 Exibição de informações 138

5.2 Princípios de Gestalt 142

5.3 Palavras escritas 149

5.4 Símbolos e ícones 153

5.5 Principais tipos de mostradores 157

5.6 Alarmes 163

6 **Ergonomia e os usuários de computadores** 168

6.1 Tecnologias assistivas para indivíduos com deficiências visuais 176

6.2 Ergonomia e sinalização 179

Considerações finais 190
Referências 193
Sobre a autora 213

Apresen*tação*

Idealizar e elaborar um livro compreende um difícil processo decisório, pois retrata um parecer de concepções e resignações frente às temáticas em foco. A possibilidade de adotar um ponto de vista resulta em uma escolha determinada e, logo, na restrição de outros tópicos que seriam igualmente relevantes, uma vez que é improvável transitar por todos os aspectos suscitados pela discussão de um tema.

A complexa atividade de sistematizar uma soma de pensamentos com relação a algum objeto de investigação – nesta conjuntura, algo desenvolvido às pressas no contexto de aprendizagem da ergonomia visual – implica organizar as associações conceituais, teóricas e práticas, vinculando-se os conhecimentos ideológica e experimentalmente embasados. Em outras palavras, trata-se de tecer uma teia de interpretações que coaduna a ciência e as vivências, resultando na práxis, o que aponta para um processo contínuo de renovação, ou seja, o discernimento solicita sempre revisão.

Desse modo, com base em determinados enfoques teórico, conceitual e prático, bem como em relações interpessoais, meios de convívio social, cultural e econômico, é possível conceber distintas compreensões e, por meio desse amalgamento, também instituir outras subdivisões intra e interdisciplinares. Ainda que árdua, a essência retórica da concepção científica é o que ampara a diligência do compreender, mobilizando-nos rumo ao desenvolvimento e à revisão das inteligências.

Ao estruturarmos esta obra, deparamo-nos com uma imensidão de ideias que desejaríamos exibir aos interessados em ergonomia visual. Contudo, tivemos de fazer escolhas, responsabilizando-nos em fornecer subsídio ao leitor no tocante à ampliação da aprendizagem sobre essa temática. Logo, a linguagem utilizada neste livro está sustentada em comprovações científicas, em que apontamos, ainda, estudos hipotéticos e experimentais. Na apresentação das ideias e posteriores análises, buscamos intercalar situações de maior ou menor inflexibilidade, mas sempre mantendo uma linguagem dialógica a fim de que você, leitor, faça parte dessa construção. Nosso objetivo é que você se sinta em uma aula expositiva, encenando comportamentos, questionamentos, inquietudes de um verdadeiro cenário de sala de aula.

De início, tratamos dos conceitos de ergonomia visual e seu desenvolvimento ao longo da história. Entender as definições desse campo do conhecimento é fundamental para prosseguirmos com nossa explanação. Como a sabedoria é uma atividade sobretudo interdisciplinar, procuramos transitar por distintos campos do conhecimento que tratam sobre ergonomia visual.

No Capítulo 1, faremos uma breve incursão histórica e refletiremos sobre os princípios básicos da otimização do trabalho, a fim de que os profissionais possam desfrutar de um ambiente laboral adequado e colaborativo, viabilizando uma constante melhoria no desempenho de sua função.

No Capítulo 2, explicamos sucintamente as principais funções do organismo humano que são relevantes para a ergonomia, ou seja, descrevemos as funções que interferem na realização das atividades do trabalhador, quais sejam: neuromusculares, metabolismo, visão e audição.

Já no Capítulo 3, tratamos da iluminação e das cores do ambiente no qual os profissionais atuam, considerando os aspectos físicos diretamente envolvidos com a ergonomia.

No Capítulo 4, abordamos a perspectiva da ergonomia cognitiva, que envolve os processos de percepção, memória e decisão, analisando as condições que contribuem positiva ou negativamente para o processamento de informações.

No Capítulo 5, apresentamos as maneiras de estruturar e expor as informações aos receptores no ambiente de trabalho e fora dele a fim de que essas informações sejam compreendidas e executadas com mais eficácia por todos os colaboradores.

Por fim, no Capítulo 6, comentamos a aplicação da ergonomia dentro da organização, bem como disponibilizar informações aos usuários da internet e, além disso, indica também as sinalizações necessárias nos ambientes de saúde.

Dessa forma, os seis capítulos que constituem esta obra reúnem noções de ergonomia física (com ênfase na ergonomia visual), ergonomia cognitiva, ergonomia operacional ou organizacional, entre outras áreas.

Aos leitores, profissionais do design e interessados na área, desejamos que as reflexões aqui suscitadas sejam profícuas.

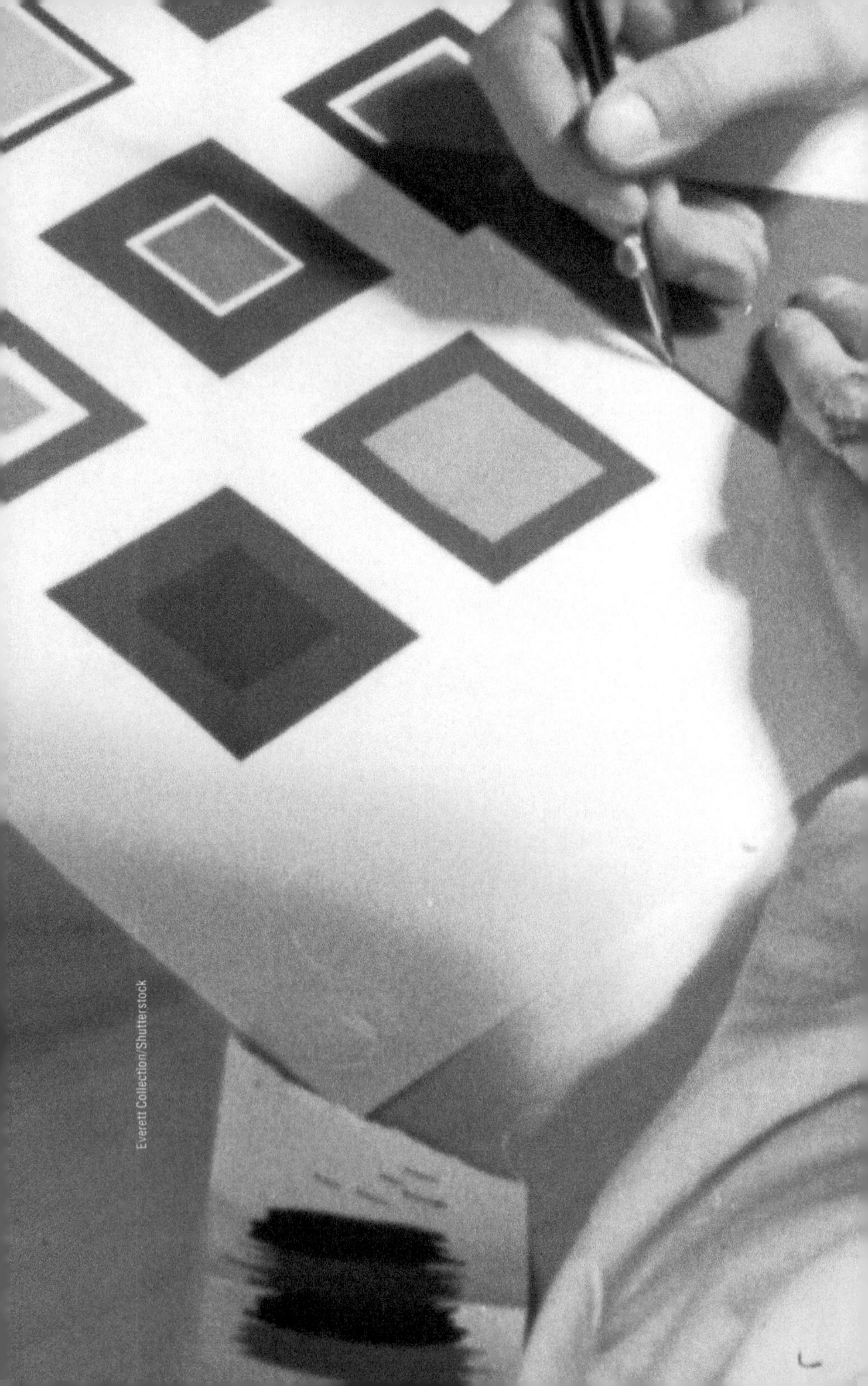

Everett Collection/Shutterstock

Capí-
tulo 1

BREVE HISTÓRIA DA ERGONOMIA

Hoje, é consenso que as atividades laborais não incluem somente tarefas realizadas com máquinas e instrumentos usados para modificar os materiais, mas integram um conceito mais amplo – o de ergonomia –, ou seja, sempre que houver interação entre indivíduos, há uma tarefa laboral sendo executada. Mas essa acepção foi formulada por muitas mentes pensando em conjunto e, claro, ao longo do tempo.

Na verdade, conforme apresenta Almeida (2011), a aplicabilidade da ergonomia remonta à Pré-História, quando o indivíduo passou a utilizar suas capacidades mentais e manuais para inventar e harmonizar o ambiente, seus armamentos e materiais, de forma que fossem conciliáveis com suas particularidades anatômicas. Faz parte desse amoldamento, por exemplo, o uso de ferramentas (Figura 1.1) e o adestramento de alguns animais a fim de servirem como recursos de trabalho, pois, com isso, as atividades do dia a dia tornavam-se menos cansativas e, ainda, asseguravam o sustento e a manutenção da vida.

Figura 1.1 – **Ferramentas utilizadas na Pré-História**

Henry Nine Graphics/Shutterstock

Láuar et al. (2015, p. 55) chamam a atenção para o período renascentista, pois,

> É com o Renascimento europeu que se inicia os estudos sistemáticos nessa área, com destaque para Da Vinci (1452), Ramazzini (1700), Jastrzebowski (1857) e, mais ultimamente, Taylor (1903), Gilbreth (1900), Chapanis (1943), entre outros, os quais se dedicaram a tornar científico o conhecimento das inúmeras variáveis da dinâmica do trabalho, do corpo, da produção, do movimento, etc. Essa fase da ergonomia é denominada precursora ou gestacional.

A obra *De Morbis Artificum* (traduzida para o português como "*Doenças ocupacionais*"), do médico italiano Bernardino Ramazzini (1633-1714), impressa no ano de 1700, foi a primeira a retratar lesões oriundas do trabalho. O médico averiguava os ambientes de trabalho das pessoas que se submetiam a seus tratamentos, a fim de constatar as causas de suas doenças (Franceschi, 2013). Entretanto, o primeiro conceito de ergonomia surgiu somente em 1857, na Europa. Esse conceito foi cunhado por Wojciech Jastrzębowski (1799-1822), cientista polonês que considerava a ergonomia uma ciência natural e defendeu essa concepção em um artigo intitulado *Ensaios de ergonomia, ou ciência do trabalho, baseada nas leis objetivas da ciência sobre a natureza* (Vidal, 2021).

Lents e Santos (2012), por meio de seus levantamentos, apontam que, na Revolução Industrial, com base nos registros de Taylor e Fayol, os trabalhadores enfrentaram diversas transformações em seus locais de trabalho e nas formas de execução de suas tarefas laborais. Nesse cenário, o mercado acompanhava essa evolução, adequando o indivíduo à máquina, o que minimizou a força física e os problemas de saúde provocados pela atividade laboral. Segundo Silva,

Paschoarelli e Silva (2010), desde a Revolução Industrial os vínculos do indivíduo com o trabalho foram mudando progressivamente. Isso porque o próprio movimento laboral requisitou dos trabalhadores uma visão mais atual com relação às atividades a serem realizadas e, não menos importante, maior desempenho no intuito de alcançar os objetivos de produção exigidos pela industrialização.

No ano de 1915, na Inglaterra, foi constituído um comitê com o propósito de analisar a saúde dos colaboradores atuantes na indústria bélica. Pesquisadores das áreas de medicina e engenharia, por exemplo, estudavam questões concernentes à falta de aptidão dos operários que integravam o setor de produção militar (Vidal, 1992). Em 1949, a ergonomia apareceu como ciência sensibilizada pela tensão ambiental, corpórea e emocional das transformações tecnológicas, em um esforço para atenuar erros e problemas presentes no contato entre o indivíduo e a máquina. A memória, nesse sentido, era entendida como um processo de retenção de conhecimento no cérebro, no qual, normalmente, apenas uma parte da ideia ficava retida. Esse procedimento estava submetido às emoções vivenciadas naquele instante.

Diferentemente de várias ciências cuja origem não é certa, a ergonomia tem dia, mês e ano oficial de nascimento – 12 de julho de 1949. Nessa data, agruparam-se, na Inglaterra, estudiosos preocupados em articular e padronizar a presença dessa inédita especialidade de aplicação multidisciplinar do conhecimento. Na reunião seguinte, realizada em 16 de fevereiro de 1950, foi fundada a Ergonomics Research Society, instituição em que vários cientistas precursores deram início à disseminação de seus saberes, tendo em vista atingir concretamente a indústria em geral, e não somente militar, como havia ocorrido nos anos 1940 (Iida, 2005).

Tempos depois, durante a Segunda Guerra Mundial, constatou--se a ineficiência do indivíduo em manejar a máquina, em razão da multiplicidade de equipamentos existentes. Esse novo contexto contribuiu para que a Inglaterra e os Estados Unidos constituíssem novas equipes de pesquisa, que, naquele momento, contavam com a participação de psicólogos. Na Europa, segundo Láuar et al. (2010, p. 56),

> as abordagens ergonômicas a respeito do trabalho são antigas, mas deve-se aos ingleses sua origem, tanto do conceito quanto do conteúdo e forma de abordagem, caracterizando-se, assim, como uma disciplina autônoma [...].

Além da Inglaterra, a França é um país que ajudou a construir e a consolidar a ergonomia – a Inglaterra, com a colaboração de Kenneth Frank Hywel Murrell (1908-1984) e da Ergonomics Research Society, e a França, sob a influência da Societé d´Ergonomie de Langue Française, ambas entidades relevantes na história da ergonomia.

Inicialmente, a meta dessas pesquisas era ampliar a eficiência nos combates e, em segundo lugar, assegurar comodidade e segurança. Almeida (2011, p. 114, 116) registra que:

> Para as nações envolvidas nos conflitos mundiais, a perda de material bélico era considerável e por si só justificava os esforços e investimentos. Assim, as pesquisas no campo da ergonomia foram totalmente financiadas pela indústria bélica.
>
> [...]
>
> Inicialmente, na época da guerra, as pesquisas consideravam como objeto de estudo o chamado "homem médio", ou seja, do gênero masculino, jovem, branco e saudável. Mais tarde diversificaram-se as fontes, assim o "homem médio" desaparece dando lugar ao "homem estatístico". As características

do "homem estatístico" são resultantes de somatórios de dados e análises sobre os diferentes tipos de trabalhador (homem, mulher, deficiente), os quais geraram um volume considerável de documentação sobre suas capacidades e seus limites. Munidos de tamanha informação, os ergonomistas aplicavam os resultados das ciências, obtidos em laboratório, nas situações particulares do trabalho. Assim, tinham base suficiente para convencer as empresas a construir máquinas e instrumentos adaptados às exigências impressas em manuais e normas adotadas pela ISO (*International Organization for Standardization*) e outras associações de normatização técnica (DARSES; MONTMOLLIN, 2006).

Ao término da guerra e após a resolução das falhas de projeto que incitavam os militares, os ergonomistas perceberam que as máquinas utilizadas em domicílios e várias ferramentas do dia a dia apresentavam os mesmos problemas (Santos, 2006): não se adequavam aos aspectos físicos, psíquicos e cognitivos dos indivíduos, muito pelo contrário, intrigavam os usuários e criavam desconformidades no processo indivíduo-atividade-máquina. Desde então começaram a surgir novos estudos, laboratórios de pesquisa e instituições que visavam colocar o tema em pauta (Almeida, 2011). Os profissionais de ergonomia concentravam-se em minimizar os impactos da exposição do indivíduo aos locais de trabalho, planejando, ou até mesmo redesenhando, os aparatos industriais, de forma a aperfeiçoar as circunstâncias de trabalho do indivíduo e diminuir as falhas relacionadas à atividade.

Em 1961, o primeiro congresso da Associação Internacional de Ergonomia reuniu cerca de vinte participantes franceses. Eles teorizaram sobre uma combinação entre o francês e a ergonomia, para que participassem, posteriormente, da Associação Internacional de Ergonomia. E, mesmo antes disso, vários deles haviam participado de conferências e congressos da Ergonomics Research Society. (Láuar et al., 2010, p. 58)

Dessa forma, percebe-se a implicação do progresso, da inovação e da automatização, ou seja, houve transformações, e não foram poucas. Entretanto, alguns setores não acompanharam esse avanço; logo, não se renovaram. Pequini (2007) presta um parecer à concepção taylorista com foco na eficácia e produção. Para ele, na ergonomia, a competência acontece quando o profissional realiza sua atividade com comodidade, pois ergonomia tem o objetivo de garantir o contentamento, o entusiasmo e a segurança aos colaboradores em seus locais de trabalho.

1.1 Definições de ergonomia

Ao longo do tempo, a ciência universalizou-se e adquiriu relevância em diversos países, nos quais cientistas preocupados com a ergonomia conceberam algumas definições para esse campo, percebendo e contestando as deficiências e ausências locais. O desempenho e a mediação foram forjados conforme o momento histórico e o cenário econômico de cada região onde a ergonomia foi empregada.

A ergonomia visual, por exemplo, relaciona-se à leitura (legibilidade, leiturabilidade e visibilidade) em estados de menor esforço e menos chances de falhas (Blum; Merino, 2015). Além disso, está de acordo com as reais definições de usabilidade, que consiste na proporção de um elemento para se atingir metas particulares com eficiência, capacidade e harmonia, em um panorama característico de uso. Nessa perspectiva, o enfoque da ergonomia visual é refletir sobre os parâmetros da legibilidade e dos mecanismos gráficos, como o formato do texto, a coloração, as figuras e a composição gráfica, todos elementos reveladores do produto.

Almeida (2011, p. 212) revela que a ergonomia se converteu em objeto de estudo quando o "homem sentiu necessidade de se adaptar aos novos esquemas de trabalho, gerados pelas crescentes mudanças nos processos produtivos. Pode-se dizer que a ergonomia passou, então, por diversos estágios de evolução, sempre propondo soluções que acompanhassem os avanços tecnológicos".

E o que seria *ergonômico*? Claro que o termo se refere à ergonomia: "1. Estudo científico das relações entre homem e máquina, visando a uma segurança e eficiência ideais no modo como um e outra interagem 1.1 otimização das condições de trabalho humano, por meio de métodos da tecnologia e do desenho industrial" (Villar, 2021). Logo, a ergonomia pode ser definida como uma ação profissional que se associa à execução de uma atividade laboral definida (Vidal, 2021). O ergonomista precisa cultivar uma visão integral, "que lhe permita avaliar as formas de interação entre as atividades executadas pelos trabalhadores, a comunicação e a hierarquia no trabalho, os objetivos da empresa, os meios disponibilizados aos trabalhadores e as características dessas pessoas (considerando também a variabilidade) (Flores, 2017). Logo, na medicina existem o médico e a enfermeira ergonomistas, assim como no design há o designer ergonomista, por exemplo. De algum modo, a ergonomia está presente em todas as profissões.

Intimamente relacionada ao ambiente de trabalho, a ergonomia busca os elementos que dificultam a execução das atividades laborais a fim de aperfeiçoá-los a fim de entregar qualidade de vida para o profissional durante a realização da tarefa. Isso porque o local de trabalho deve ser pensado não apenas por parte do colaborador, mas também da empresa, uma vez que cabe à organização disponibilizar meios de tratamento e prevenção de problemas de saúde relativos ao ambiente laboral.

Para Flores (2017), o papel da ergonomia consiste, basicamente, em conduzir, de forma eficiente, estratégias adaptativas que venham ao encontro das tarefas diárias dos profissionais, proporcionando bem-estar e precavendo doenças que podem ocorrer por causa da repetição de movimentos. Contudo, a função desempenhada pelo ergonomista "vai muito além de adequar o mobiliário. Ele deve transformar o trabalho, adaptando-o às características e variabilidade do homem e do processo produtivo" (Flores, 2017). Isso não quer dizer, porém, que as questões de mobiliário não tenham lugar na ergonomia física; ao contrário, esse campo é amplamente desenvolvido e está relacionado com aspectos da antropometria, fisiologia e biomecânica.

Assim, é evidente que a ergonomia visa contribuir para a produtividade dos trabalhadores, desenvolvendo práticas que oferecem vantagens tanto para os profissionais quanto para as empresas. Para tanto, é necessário que as organizações estejam atentas aos indivíduos que compõem seu time de trabalho, e essa atenção, por vezes, tem de ser individual.

Para Laville (2007), a ergonomia está relacionada à *performance* do ser humano em determinadas atividades e tem como finalidade auxiliar na execução dessas tarefas, que, por vezes, envolvem máquinas e equipamentos. Dessa maneira, a relação do profissional com seus instrumentos de trabalho tem de ser a mais harmônica possível. Zafalão (2017) defende que "não é o trabalhador que tem que se adaptar às condições de trabalho, mas as condições de trabalho que devem se adaptar ao trabalhador, não somente às questões físicas, mas às suas características psicofisiológicas, como atenção, estresse, pressão por resultado, dentre outras".

A aplicabilidade da ergonomia está em seu caráter exploratório, ou seja, sua missão é pesquisar os vários aspectos que interferem no funcionamento complexo da produção e, dessa maneira, diminuir os efeitos prejudiciais presentes nas atividades laborais (Iida, 2005). Tais atividades são amplas, não incluem somente tarefas realizadas com máquinas e instrumentos usados para modificar os materiais, mas dizem respeito a toda interação dos indivíduos com suas funções de trabalho.

Assim, assegurar um local de trabalho conveniente e, com isso, a qualidade de vida dos colaboradores é, ou deveria ser, uma das metas de todas as empresas. Quando o profissional se sente confortável e com uma boa disposição, ele normalmente produz mais e atinge resultados mais satisfatórios para a organização.

Erroneamente, as pessoas tendem a correlacionar ergonomia à disposição do mobiliário e à reeducação postural global (RPG), que consiste em corrigir a postura inclusive no ambiente de trabalho. Entretanto, a ergonomia é muito mais ampla. Segundo Almeida (2011, p. 111), "A ergonomia é uma ciência que estuda as interações do homem com seu ambiente de trabalho, considerando os efeitos positivos e negativos desta relação".

Compartilhando o mesmo ponto de vista, Cruz (2006) assume que a ergonomia não só protege os colaboradores de ambientes de trabalho exaustivos e/ou inseguros, mas também os dispõem no melhor cenário de trabalho existente, contribuindo para a melhoria de seu desempenho profissional.

Como se sabe, o dia a dia das atividades laborativas no escritório, na maioria das vezes, é extenso e cansativo. Alguns colaboradores ficam de 8 a 12 horas diariamente sentados em frente ao computador ou em reuniões de negociações. Isso afeta negativamente não apenas a qualidade das atividades realizadas, mas também a saúde do profissional (Ergonomia..., 2021). As empresas, portanto, têm de se preocupar com essa realidade, caso queiram sobreviver a esse mercado globalizado e em crescente competitividade. Para tanto, essas organizações "devem desenvolver uma estrutura ergonomicamente projetada para seus trabalhadores, visando não apenas aumentarem a produtividade destes, mas também com o fito [de] melhorar constantemente a imagem da empresa junto aos seus colaboradores" (Zafalão, 2017).

Segundo Cruz (2006), os benefícios da ergonomia são:

- preservar a segurança;
- estimular a produtividade;
- diminui os custos humanos;
- incentivar o desempenho no trabalho;
- potencializa a comodidade e o bem-estar.

Essas ações, conforme defende Iida (2005), significam muito mais do que uma contribuição para a qualidade de vida do indivíduo, visto que viabilizam o crescimento do rendimento das tarefas profissionais e das atividades cotidianas. O autor ainda esclarece que, embora existam vários conceitos de ergonomia, todos buscam enfatizar o aspecto interdisciplinar e o objeto de sua análise, que nada mais é do que o relacionamento entre o indivíduo e seu trabalho, no processo ser humano-máquina-ambiente. Além disso, o foco também recai nas correlações desse processo, em que existem transferências de informações e ação entre a pessoa, a máquina ou o equipamento e o ambiente, sucedendo na execução do trabalho.

Os objetivos da ergonomia também levam em consideração as mudanças tecnológicas com seus numerosos avanços, cada vez mais frequentes na atualidade. Franceschi (2013, p. 16) apresenta os seguintes objetivos da aplicação da ergonomia:

- Controlar a introdução de novas tecnologias nas organizações e sua adaptação às capacidades e habilidades da força laboral existente.
- Aumentar a satisfação e motivação no trabalho.
- Adaptar o local e as condições de trabalho em relação às características do trabalhador.
- Definir requisitos para a compra de máquinas, equipamentos ergonômicos e outros materiais.
- Identificar, analisar e minimizar os riscos ocupacionais

As definições de ergonomia, na sua maioria, questionam dois objetivos fundamentais conforme citados a seguir:

- O conforto e a saúde dos trabalhadores – quando aplicado para evitar os riscos (acidentais e ocupacionais) e para diminuir a fadiga.
- Eficácia – utilizada pela organização para medir as suas diferentes dimensões (produtividade e qualidade), sendo dependente da eficiência humana.

Para Vidal (2021), circunstâncias do dia a dia na vida pessoal e profissional de inúmeras pessoas mostram que o trabalho é uma atividade que gera muitos efeitos e, portanto, precisa ser minuciosamente investigado. A saúde dos profissionais, a eficácia dos serviços e a garantia das instalações devem estar agregadas à existência das empresas. Almeida (2011, p. 115) observa a importância da ergonomia como elemento de conciliação de interesses entre capital e trabalho, à medida que esta ciência procura atender, simultaneamente, às necessidades da produção e dos trabalhadores".

Assim, quando a ergonomia acolhe as necessidades do profissional, ele é favorecido no que tange à produtividade, uma vez que o processo produtivo é adaptado às suas deficiências, o que leva a uma maior satisfação e possibilita, por conseguinte, ampliar as negociações, gerando, para a empresa, mais lucro. Em sua atividade laboral, o indivíduo relaciona-se com vários elementos que integram sua função – instrumentos, ferramentas e mobília – gerando conexões sensitivas e posturais; a empresa e seu ambiente configuram, portanto, conexões ambiental, intelectual e institucional (Vidal, 2021). O indivíduo, por meio de seu entendimento, de sua psique, organiza tais relacionamentos, ficando a cargo da ergonomia aprimorar essas conexões, adaptando as práticas apropriadas, com foco na eficácia e nas competências, nas limitações e nos demais aspectos do profissional em atividade.

Pizo e Menegon (2010) esclarecem que a ergonomia se concentra em dois fatores que solicitam a criação de compromissos que são influenciados por vários elementos externos: a saúde dos profissionais e a eficiência econômica. Ainda, tem de trabalhar com a incógnita gerada pelo inter-relacionamento entre a incumbência e a atividade, o afazer planejado e o trabalho existente, as limitações da adequação do indivíduo, os padrões das pessoas e seu dimensionamento, as normas da sociedade e da transformação social.

1.2 Análise ergonômica do trabalho

O termo *ergonomia* normalmente remete às recomendações relacionadas ao modo mais correto de executar algum tipo de trabalho. Nesse momento, é fácil lembrar das muitas horas que vários profissionais permanecem em um escritório ou qualquer outro tipo de ambiente de trabalho. Também os estudantes ficam sentados por longos períodos em cadeiras que nem sempre são ergonômicas. E o que seria uma cadeira ergonômica?

Cadeiras ergonômicas são aquelas que atendem os requisitos mínimos da Norma Regulamentadora **NR17** (NR-17.3.3), que são:

Possuir um encosto cuja forma e curvatura se adaptem ao corpo, protegendo a região lombar.

A altura do assento deve ser regulável, principalmente para que essa cadeira possa ser utilizada por mais de um usuário.

Assento plano e sem formato, cuja borda frontal seja arredondada.

Essas especificações se tornam importantes principalmente no momento de escolher cadeiras para o ambiente corporativo. Isso porque as cadeiras provavelmente serão utilizadas por várias pessoas e não compradas individualmente para um, o que é inviável. (O que é…, 2021)

Figura 1.2 – **Cadeiras ergonômica (à esquerda) e não ergonômica (à direita)**

Ayman alakhras e Yeamake/Shutterstock

Assim, a análise ergonômica do trabalho está organizada em diversas etapas associadas entre si e que têm como intuito examinar e modificar o trabalho (Flores, 2017). Essa análise precisa conter, pelo menos, as seguintes fases

- Verificação da demanda e do contexto.
- Investigação global da organização.
- Observação da massa trabalhadora.
- Determinação dos eventos de trabalho a serem estudados.
- Identificação.
- Projeto e implementação das transformações.
- Supervisão das mudanças.

De acordo com Zafalão (2017, grifo nosso),

É possível estabelecer a aplicação da ergonomia no ambiente de trabalho através dos seguintes passos: **1) – Elaboração do Programa de Ergonomia**, que consiste no levantamento dos riscos ergonômicos e na concepção do programa de ergonomia; **2) – Conscientização dos Funcionários**, que se dá através de treinamentos e palestras a conscientização dos funcionários acerca dos riscos ergonômicos e sua prevenção; **3) – Aperfeiçoamento do Programa de Ergonomia**, que se dá através da correção e aperfeiçoamento do programa de ergonomia aplicado no ambiente de trabalho.

É sabido que a necessidade de ocupar sempre um mesmo local ou realizar atividades repetitivas pode gerar doenças profissionais que, segundo Silva (2018), estão intimamente ligadas às tarefas que um funcionário executa. Consideremos a situação de um soldador: ele pode desenvolver, ao longo do tempo, algum tipo de doença nos pulmões, visto que se submete à inalação de fumos metálicos provenientes da soldagem. Essa seria, portanto, de uma doença profissional, pois, nesse caso, o problema está ligado com a tarefa desempenhada pelo soldador. No entanto, doença ocupacional (profissional) e doença do trabalho não se confundem, ainda que ambas sejam consideradas acidente do trabalho, conforme art. 20 da Lei n. 8.213, de 24 de julho 1991 (Brasil, 1991). Diferentemente da doença ocupacional,

> a doença do trabalho não tem ligação direta com a atividade que o trabalhador desenvolve. A doença do trabalho vem por intermédio de circunstâncias alheias à atividade, poderia vir do ambiente onde o trabalhador desenvolve as suas atividades. O soldador do exemplo, poderia desenvolver perda auditiva em função do ruído vindo de outros setores do ambiente laboral. (Silva, 2018, p. 25)

Com relação aos trabalhadores brasileiros, a saúde e a segurança são dois fatores de apreensão. Embora as condições de trabalho tenham sofrido avanços positivos, os riscos, as doenças adquiridas em decorrência da realização de atividades laborais, o assédio moral e a imposição das empresas por uma maior produtividade do colaborador contribuem para que muitos profissionais sejam diagnosticados com algum tipo de doença ocupacional ainda hoje.

1.3 Processos de análise cognitiva

Nos últimos anos, tem sido cada vez mais frequente o contato do ser humano com algum tipo de aparelho eletrônico: *smartphone*, *tablet*, *notebook* ou computador são alguns dos objetos mais presentes no cotidiano.

Nesse sentido, a ergonomia cognitiva volta-se aos processos da mente que são fundamentais para a execução das atividades dos profissionais. No entendimento de Gonçalves (2017), a ergonomia cognitiva examina o comportamento do indivíduo na elaboração e na resolução de suas incumbências em ambientes relevantes, especialmente os que requisitam prazo, alimentação e transmissão de informações. Esse ramo da ergonomia

> aborda os aspectos mentais, emocionais e psicomotores do trabalhador. Tem a ver com o processamento de informações no contexto de execução de tarefas e resolução de problemas dentro da corporação. Nesse sentido, está ligada à percepção, atenção, memória e tomada de decisões.
>
> A saúde cognitiva dos trabalhadores garante maior satisfação individual e motivação profissional. E, além da melhora na relação do indivíduo com as máquinas, há melhora no relacionamento entre todos os colaboradores.

Isso age positivamente na qualidade de vida do indivíduo, bem como na performance de toda a equipe, que se sente valorizada e comprometida com os objetivos da empresa. (Health & Care, 2017).

A ergonomia cognitiva refere-se aos sistemas da mente, aos processos argumentativos e às reações motoras. Dessa forma, ela contribui integralmente com o corpo social, sendo, por isso, muito importante no ambiente de trabalho. A esse respeito, Silva (2018, p. 52) assevera:

> A análise dos aspectos cognitivos do trabalho vai buscar informações sobre o conteúdo da tarefa, grau de exigência da memória, concentração, atenção, percepção, raciocínio, tomada de decisão, qualidade da comunicação, quantidade de informações, interfaces e usabilidade dos sistemas utilizados, simultaneidade de eventos a tratar, se há um incremento de responsabilidades gerando maior carga de trabalho, se há restrições na autonomia que possam retardar uma tomada de decisão em situação emergencial, se há instabilidade nos processos, se o trabalho é monótono ou repetitivo, se há problemas na implantação de novas tecnologias, na automação, dentre outros.

A ergonomia cognitiva, devemos assinalar, é distinta da organizacional uma vez que aquela lida com "questões ligadas aos processos de tomada de decisão, interação com máquinas e outras que envolvam processos mentais", já esta trata de aspectos "ligados à organização do trabalho e às políticas das empresas" (Flores, 2017).

Oportunizar o progresso das competências, tanto na vida privada quanto na esfera profissional, é fundamental. Para tanto, faz-se necessário assegurar a satisfação em todos os aspectos: físico, intelectual e relacional (Oliveira, 2019). Dessa conjuntura, desponta a ergonomia cognitiva, que, apesar de ainda ficar e, segundo plano, é imprescindível para a manutenção de boas práticas, pois auxilia a reduzir possíveis erros. Silva (2018) entende que a todo momento as pessoas têm de tomar decisões, desde levantar, sentar, acenar (ações consideradas simples), até escolher uma roupa para vestir, o próximo carro a comprar etc. (ações com um maior grau de complexidade). Esse processo decisório ativa as memórias de curta e longa duração.

A Consolidação das Leis do Trabalho (CLT – Brasil, 1943) cita a ergonomia somente em dois de seus artigos, nos quais aborda sobre a fadiga, incluindo o esgotamento físico e psíquico, descontentamentos, oscilações decorrentes da vida pessoal, como crise financeira ou separação do cônjuge (Lents; Santos, 2012). Esses impasses estão associados à cognição, ao desenvolvimento de ideias e à vida afetiva do indivíduo, prejudicando sua racionalidade. Sob essa perspectiva, o indivíduo está constantemente sujeito a desenvolver doenças físicas e/ou psíquicas pelo fato de exercer alguns tipos de atividades laborais. Entretanto, com o progresso da tecnologia, especialmente com a robotização, possíveis efeitos danosos têm sido reduzidos sem afetar o uso crescente da cognição, que continua sendo empregada como ferramenta fundamental de trabalho.

De acordo com Oliveira (2019), as estratégias da ergonomia cognitiva procuram agir positivamente no campo psicológico do profissional. Isso torna o ambiente mais agradável e contribui para a realização das atividades e a efetivação das atribuições. Tendo assumido os papéis de trabalhador e/ou estudante, certamente você sabe, leitor, o quanto é bom se sentir psicologicamente satisfeito, quando parece que tudo ao redor está a seu favor: o clima, as atitudes das outras pessoas com as quais se relaciona no dia a dia e, não menos importante, o espaço que em que desempenha determinadas funções. Quanto aos riscos cognitivos, a autora menciona:

> Outro risco cognitivo tem a ver com o desenvolvimento de questões que afetam diretamente o psicológico. De acordo com estudos, o Brasil tem a segunda população mais estressada, com o trabalho sendo a causa principal. Além disso, o país lidera o ranking na América Latina quando a depressão e a ansiedade são os temas principais. Se o ambiente de trabalho não tiver a ergonomia adequada, essas tendências são fortalecidas. (Oliveira, 2019)

Na visão de Fonseca e Rheingantz (2009), os processos cognitivos que dão suporte à ideia correspondem a condutas e mecanismos de organização da informação, recursos iminentes de ajuste e de pensamento sensato que podem ser assimilados. Genericamente, o termo *cognição* é associado a conhecimento e está intimamente ligado às metodologias de *input* e *output*.

> *Input*
>
> Ativação, atenção e percepção [...]; responsáveis pela modelação do alerta cortical, pelas funções de sobrevivência, pela vigilância tônico-postural e pela filtragem e integração dos inputs sensoriais.
>
> [...]
>
> *Output*
>
> Planificação, conscientização do processo, monitorização, predição de consequências, avaliação de resultados, tomada de decisões, processos de prestação, verificação e preparação da resposta e integração de efeitos da ação. Respostas certas e justificadas marcam a capacidade do indivíduo de expor, de forma clara e precisa, como executou determinada tarefa, explicando de maneira ordenada os passos do seu raciocínio. Consistindo no lobo frontal,

que representa o nível mais elaborado de desenvolvimento do cérebro humano.
(Corrêa, 2009, p. 55)

Assim, independentemente do tamanho ou da área de atuação da organização, a ergonomia cognitiva é uma exigência importante para toda e qualquer empresa. Isso porque contribui de maneira significativa para a atuação profissional, em serviços braçais, atividades minuciosas, tarefas que requeiram muita concentração, laboração que exija diversificação ou resoluções de problemas.

Nessa altura, podemos confirmar o que pensa Cortez (2004): a ergonomia cognitiva compartilha o campo de interação com o usuário, adequando a tecnologia a esse indivíduo. A aptidão cognitiva, nesse sentido, pode ser prejudicada a ponto de o profissional apresentar dificuldade para reter o conhecimento e fixar novas informações, comprometendo tanto o desenvolvimento da carreira quanto o desempenho do funcionário na empresa. Sob a dificuldade de absorver novas ideias, o colaborador se arrisca em não acompanhar as mudanças no mercado de trabalho. Lents e Santos (2012, p. 2) apontam:

> Os esforços cognitivos do trabalhador têm afetado sua vida profissional, a realização de suas tarefas e os seus resultados, além de causar danos na sua vida cotidiana. Isso está demonstrado na literatura e em fundamentações baseadas nas Normas Regulamentadoras (NR's) e na Constituição Federal, o que demonstra a preocupação com a vida dos trabalhadores, suas condições de trabalho e seu desempenho no ambiente organizacional.

As autoras também mencionam a NR 17, que estabelece que os esforços que fragilizam a saúde e a segurança do profissional podem ser físicos e/ou cognitivos e, para tanto, elabora critérios que viabilizam a adequação das exigências no trabalho aos aspectos psicológicos dos profissionais, oportunizando uma maior comodidade para eles. Assim, ainda que a NR 17, que trata sobre a ergonomia, em momento algum aponte de maneira explícita a ergonomia cognitiva, ela é mencionada tacitamente quando a norma descreve a organização do trabalho (Lents; Santos, 2012).

A falta de atenção aos elementos cognitivos constroi, segundo Oliveira (2019), um ambiente hostil. Por isso, ações como essa precisam ser evitadas. Os resultados negativos são sentidos tanto pela organização, que assiste a uma decaída em sua produção, em seus resultados, afetando até mesmo seus investimentos, quanto pelos colaboradores, que ficam impossibilitados de aproveitar todo o seu potencial. Existe, ainda, a falta de incentivo, oriunda da falta de interesse no ambiente ou, até mesmo, na atividade em si.

Lents e Santos (2012) informam que a exorbitância de esforço cognitivo tem provocado malefícios à saúde do profissional. Muitos se encontram bastante estressados e outros já foram diagnosticados com depressão. Em decorrência disso, há um aumento das ocorrências de licenças médicas devido a essas doenças. Esses tipos de enfermidade alertam que existe uma ineficiência na investigação ergonômica direcionada para a cognição e, caso isso não seja corrigido, podem surgir consequências sérias tanto para a vida do profissional quanto para o desempenho da empresa. Essa situação demonstra uma perda da produtividade, o que resulta na incapacidade de a empresa atingir seus objetivos específicos. Com base em um estudo realizado pela Universidade de Brasília (UnB) e pelo Instituto Nacional do Seguro Social (INSS), Lents e Santos (2012, p. 4) relatam que

"48,8% dos trabalhadores que se afastam do trabalho por mais de 15 dias apresentam algum tipo de doença mental". Conforme as autoras, os problemas mentais menos graves afetam aproximadamente um terço dos profissionais em nosso país, já as doenças mentais graves giram em torno de 10%.

Tal contexto exacerba a falta de interação da equipe e aumenta os gastos e as despesas da empresa. Em várias ocorrências, tudo conduz à saída do emprego, o que aumenta a rotatividade dos funcionários. Além disso, a reputação da empresa pode estar em risco, pois a perda frequente de colaboradores influencia negativamente a distinção de mercado e pode impossibilitar o interesse de novos profissionais.

> Como são indesejáveis, os impactos negativos precisam ser mitigados e até eliminados. Nesse sentido, é essencial definir estratégias que garantam a ergonomia cognitiva no ambiente organizacional. Um dos aspectos mais relevantes sobre essa abordagem é a sua versatilidade. É possível estimular a questão em diversos pontos, o que melhora a sua adoção.
>
> Pode-se, por exemplo, pensar em oferecer jornadas mais flexíveis de trabalho. Cuidar da delegação de tarefas e fortalecer a comunicação também são pontos importantes para evitar a sobrecarga. Já a criação de um ambiente propício ao aprendizado — inclusive, de forma remota — ajuda a prevenir problemas na consolidação do conhecimento. (Oliveira, 2019)

Todavia, o esforço cognitivo não está restrito ao prejuízo da saúde do profissional; como temos alertado, ele impacta diretamente a empresa e seus procedimentos. Inúmeras vezes, os gestores comentam sobre erros causados pela falta de concentração, pelo esgotamento mental e pela falta de atenção. Isso pode provocar, inclusive, acidentes de trabalho e vários outros inconvenientes.

A ergonomia cognitiva vai buscar melhorar o bem-estar dos funcionários. Vai verificar qual o verdadeiro impacto da relação do trabalhador com as máquinas e equipamentos que fazem parte do cotidiano laboral, avaliando se existem excessos, falhas na execução da atividade, pois essas falhas ou excessos podem causar transtornos, estresse, cansaço mental e desconforto, por exemplo, ao trabalhador. (Silva, 2018, p. 30)

Naturalmente, a ergonomia cognitiva beneficia o ser humano, ao criar melhores condições para a assimilação dos estímulos ambientais, favorecendo a compreensão do processo das tarefas e a habilidade de verificação e ponderação de resultados.

Everett Collection/Shutterstock

Capítulo 2

FUNÇÕES DO ORGANISMO HUMANO

O organismo humano é pleno de funções específicas, mas que atuam de modo integrado. No geral, o corpo humano é composto de diversos sistemas: ósseo, circulatório ou cardiovascular, respiratório, digestório, muscular, nervoso, endócrino, excretor, linfático e reprodutor.

Aqui não vamos nos deter em cada um deles, para dar ênfase aos que estão implicados nas atividades laborais e que, por essa razão, são tópicos relevantes para a ergonomia. Portanto, nas próximas seções, trataremos das funções neuromusculares, do metabolismo humano, bem como da visão e da audição.

2.1 Funções neuromusculares

As forças do corpo humano são realizadas por retraimentos musculares. Os músculos não se retraem de modo independente, sendo orientados pelo sistema nervoso central (SNC), que é constituído pelo cérebro e pela medula espinhal. Essas orientações acontecem de acordo com o impulso do ambiente (Iida, 2005). No interior do sistema neuromuscular, conforme explicam Bernardino e Serpa (2015), ocorre o que é denominado *conciliação das unidades motoras*, cuja função é gerar força adequada para qualquer atividade. Assim, quanto mais conciliação, maior o ganho de força, o que somente é possível graças ao crescimento da velocidade de contração muscular, que amplia o potencial de força.

De acordo com Assis (2015), qualquer movimentação do corpo (como falar, gesticular e olhar) necessita dos músculos. Esses movimentos são controlados pelo SNC, que admite, capta e desempenha as informações, as quais são assimiladas por impulsos externos ou internos. A musculatura garante ao organismo humano a execução de movimentos extremamente coordenados. Contudo, caso não haja uma conexão adequada com o sistema nervoso – e não apenas para o controle da atividade muscular, mas também da articulação e sistematização da intensidade, periodicidade e orientação –, essa atividade pode ficar comprometida.

Padilha (2013) salienta que baixas temperaturas demandam maior força muscular, por exemplo: em um local a 5 °C, o estresse muscular cresce em 20%, aumentando a fadiga. Os profissionais que trabalham em ambientes onde as temperaturas ficam entre 0 °C e 10 °C normalmente apresentam problemas de saúde, pois o resfriamento, principalmente das extremidades (mãos e pés), ocasiona diminuição da força e do controle neuromuscular. Logo, o indivíduo torna-se mais vulnerável a cometer falhas e a se acidentar no trabalho. Quando a temperatura do corpo do humano está abaixo de 33 °C, o sistema nervoso deixa de funcionar. A baixa temperatura prejudica a concentração da mente, visto que a sensação de falta de conforto pode levar a alienação.

De acordo com Darabas, Comim e Tuon (2009), as doenças neuromusculares resultam em implicações gradativas das funcionalidades pulmonar e motora, afetando o bem-estar do indivíduo. São diversos os tipos de doenças neuromusculares e as mais frequentes são as distrofias musculares progressivas e a atrofia muscular espinhal.

A **distrofia muscular progressiva** abrange doenças genéticas que apresentam uma degeneração progressiva e irreversível do tecido muscular comprometido. A fisioterapia é um dos tratamentos indicados para os portadores dessa patologia, já que estabiliza e melhora a força da musculatura, contribuindo, ainda, para a prevenção de deformidades e para a conservação da funcionalidade respiratória, o que melhora o bem-estar do doente.

Figura 2.1 – **Fisioterapia musculoesquelética**

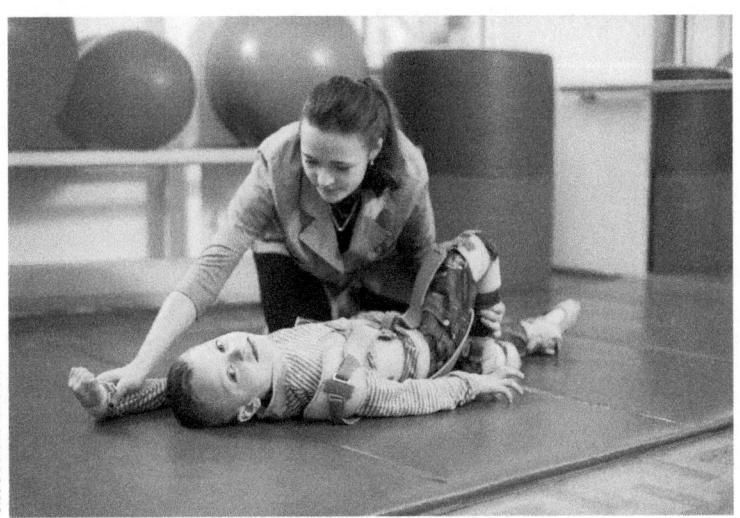

As evidências clínicas de distrofia muscular frequentemente são observadas desde a infância, mais precisamente até os 3 anos de idade, visto que 50% das crianças têm a capacidade de caminhar sem nenhum tipo de dependência até os 18 meses de idade (Caromano et al., 1998).

Já a **atrofia muscular** é ocasionada pelo atrofiamento da musculatura secundária, com adulteração de células nervosas motoras que ficam no corno dianteiro da medula espinhal. A miastenia grave (Figura 2.2), por exemplo, é uma patologia ocasionada pela junção de ocorrências de atrofias neuromusculares com o enfraquecimento dos músculos da visão ou de outros músculos de maneira estendida, podendo ocorrer em qualquer idade, mas com um maior incidência a partir dos 26 anos nas mulheres, e dos 31 anos nos homens. As pesquisas ainda apontam que as mulheres são mais propensas até os 40 anos de idade (Cunha; Scola; Werneck, 1999).

Figura 2.2 – **Miastenia grave**

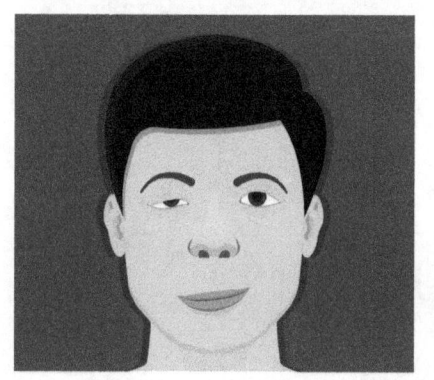

Rumruay/Shutterstock

2.1.1 Sistema nervoso

O sistema nervoso humano (Figura 2.3) é formado por um conjunto de órgãos responsáveis por apreender os estímulos do ambiente a fim de interpretá-los.

Figura 2.3 – **Sistema nervoso humano**

- cérebro
- nervos cervicais
- nervos torácicos
- medula espinhal
- nervos lombares
- nervos sacrais
- nervo ciático
- nervos periféricos da perna

Vecton/Shutterstock

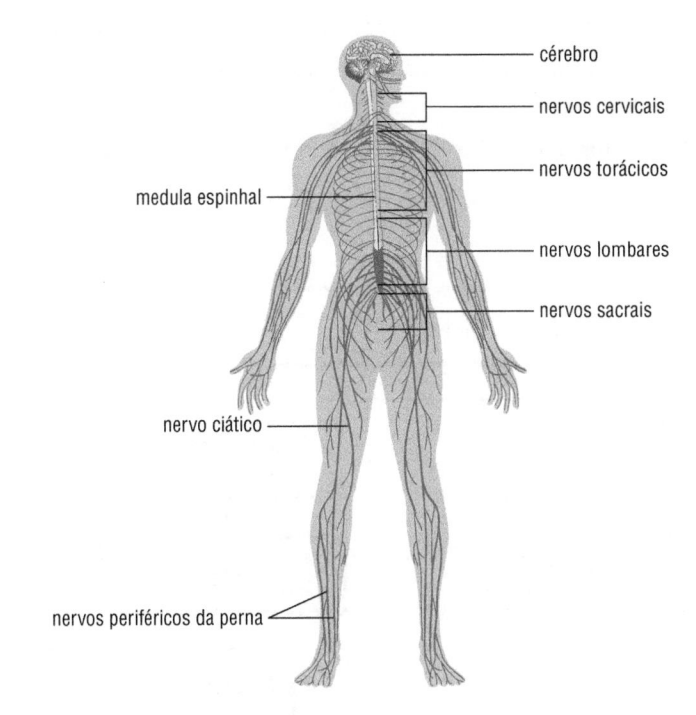

Ele é constituído por células nervosas com traços de excitabilidade, ou seja, que reagem sensivelmente a estímulos e a sinais elétricos, também conhecidos como *impulsos elétricos*, que são estímulos eletroquímicos ramificados por toda a extensão das fibras nervosas. Esses estímulos são gerados por impulsos externos – como luz, temperatura e impulsionadores químicos – e guiados até o SNC, onde acontece a leitura e a atuação (Padilha, 2013). Em seguida, essa informação é enviada novamente através dos nervos motores, ligados aos músculos, o que permite a mobilidade. Para que esse processo aconteça de forma satisfatória, é necessário que a sinapse transcorra em uma só continuidade, ou seja, em uma sequência de neurônios ligados entre si. Estima-se que cada conexão de sinapse possa difundir em torno de 10.000 sinais.

O sistema nervoso é subdividido conforme registra a Figura 2.4.

Figura 2.4 – **Sistema nervoso**

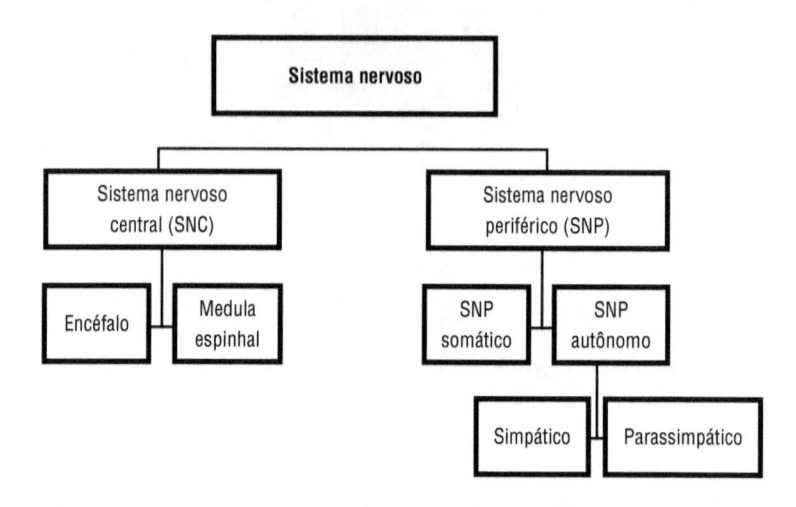

```
                    Sistema nervoso
                    /              \
       Sistema nervoso         Sistema nervoso
       central (SNC)           periférico (SNP)
        /        \              /           \
   Encéfalo   Medula         SNP          SNP
              espinhal       somático     autônomo
                                          /      \
                                     Simpático  Parassimpático
```

De acordo com Chaud (2013), o SNC é composto de entrelaçados nervosos que compõem e ajustam a maioria dos segmentos da constituição do corpo humano, sendo encarregados, por exemplo, de controlar as movimentações voluntárias e dotados de uma abundância de referências sensitivas. No SNC existem: o encéfalo, que comanda as atividades conscientes e promove um alto nível de integração sensorial; e a medula espinhal, que reconhece as vias nervosas advindas do encéfalo e outras vias do sistema nervoso periférico (SNP). É na medula espinhal que acontece a maioria das ações motoras reflexas e seus circuitos nervosos estão diretamente ligados com a realização de movimentos voluntários ou involuntários.

PARA SABER MAIS

Caso queira se aprofundar nesse tema, recomendamos a leitura do artigo indicado na referência a seguir:

ROMERO, T. Simulador neuromuscular. **Agência Fapesp**, 4 set. 2008. Disponível em: <https://agencia.fapesp.br/simulador--neuromuscular/9373/>. Acesso em: 12 maio 2021.

À rede de propagação de sinais gerada pelos neurônios dá-se o nome de *sinapses*. Basicamente, os neurônios são constituídos por três segmentos: (1) corpo celular, (2) axônio e (3) dendritos.

Figura 2.5 – **Comunicação neural**

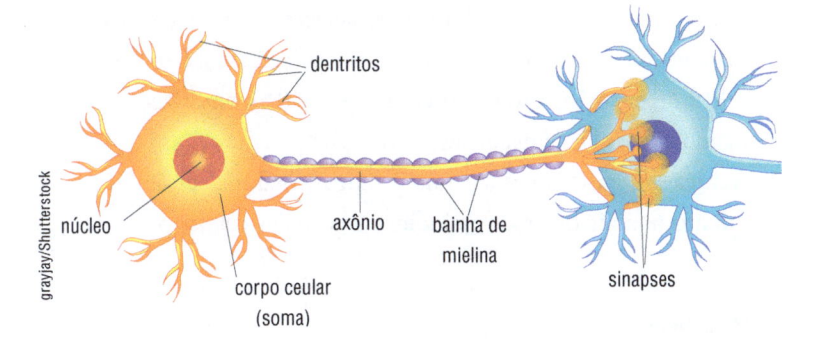

Em uma célula, segundo Iida (2005), não pode existir mais de um axônio, mas ela pode apresentar diversos dendritos. Assim, a sinapse nada mais é do que a conexão de um axônio com um dendrito da célula posterior, que se organizam da seguinte maneira:

- **Sentido único** – Os códigos são sempre orientados em uma única direção: a entrada ocorre pelos dentritos e a saída pelos axônios. Um neurônio pode obter sinais de uma infinidade de outros; no entanto, a transferência é somente para um.
- **Fadiga** – Ao ser usada continuamente, as sinapses diminuem sua eficiência de transferência.
- **Efeito residual** – Quando o idêntico impulso replica-se instantaneamente (um seguido do outro, na mesma localidade), o segundo transfere com mais facilidade se comparado ao primeiro, visto que, acredita-se, as células nervosas conseguem guardar informações por um período, que pode variar de minutos a horas em determinadas situações.
- **Desenvolvimento** – O incitamento frequente e moroso, e por um período de diversos dias, pode acarretar uma modificação concreta da sinapse, de modo que ela seja facilitada. Isso faz crer que o desenvovimento da aprendizagem e da memorização está ligado a essas cirscunstâncias.
- **Acidez** – Quanto mais alcalino o sangue, maior a sensibilidade; quanto mais ácido, mais prejudicial à ação das células nervosas.

2.1.2 Músculos

Alguns conjuntos musculares são encarregados de manter a respiração, a circulação sanguínea, entre outras atividades consideradas autossuficientes. Nesse sentido, a ação espontânea ocorre pela contração dos músculos (Chaud, 2013). De maneira geral, são eles que viabilizam os movimentos corporais, ou seja, realizam contrações, graças justamente, à transformação em movimento da energia química retida no organismo (Iida, 2005).

Os músculos trocam partículas do sangue por meio dos vasos capilares com paredes exageradamente estreitas e que colhem elementos químicos fundamentais para a vida. Quando um músculo realiza uma contração, comprime o envolto dos capilares e a passagem de sangue deixa de acontecer, o que leva ao esgotamento muscular. Para melhorar o fluxo do sangue, o músculo precisa retrair e descontrair com certa regularidade (Assis, 2015).

Os músculos do corpo humano são de três tipos: (1) estriado esquelético, (2) estriado cardíaco e (3) liso (ou não estriado), conforme a Figura 2.6.

Figura 2.6 – **Tecido muscular**

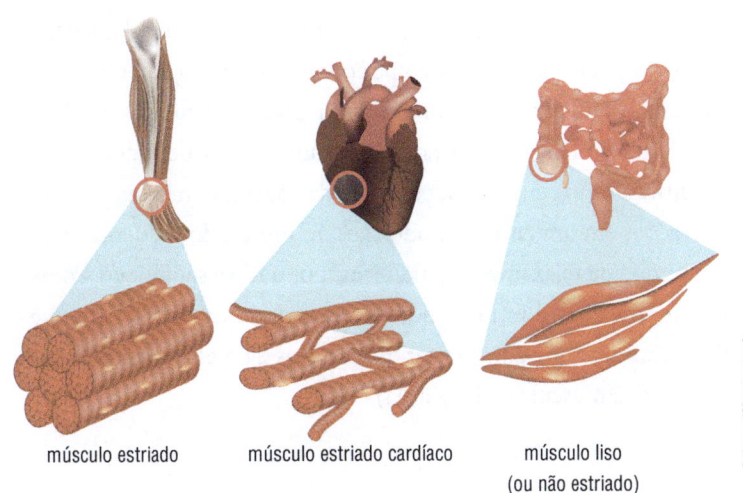

músculo estriado   músculo estriado cardíaco   músculo liso (ou não estriado)

Sakurra/Shutterstock

Os **músculos estriados esqueléticos** são controlados conscientemente (ou seja, o comando nervoso é voluntário) e é por meio deles que o corpo executa tarefas externas. Segundo Iida (2005, p. 70), "Cerca de 40% dos músculos do corpo são estriados. Isso corresponde a um total de 434 músculos estriados. Entretanto, somente 75 pares desses músculos estão envolvidos na postura e movimentos globais do corpo, outros são responsáveis por movimentos menores, como os dos globos oculares". Os músculos estriados cardíacos apresentam comando nervoso involuntário e executam as contrações fundamentais para manter a circulação sanguínea no corpo. Os **músculos lisos**, por sua vez, também têm comando nervoso involuntário e se encontram nas paredes do trato digestor, nas estruturas respiratórias, no canal da urina, no envolto venoso e arterial, bem como na pele.

A diminuição de força ocasionada pela insuficiência do fluxo de sangue no músculo é chamada de *fadiga muscular*, situação reversível caso haja certo tempo de descanso. Essa ineficiência compromete a chegada do oxigênio no sangue, aumentando a quantia de água, ácido lático e potássio no interior do músculo. Quanto mais potente é a contração dos músculos, mais incisivo é o estrangulamento do fluxo sanguíneo, diminuindo o período de conservação. A contração suprema pode ser retida somente por poucos segundos – 50% da contração pode ser retida por 60 segundos. Em períodos maiores, a contração não consegue superar 1/5 da contração máxima. Grandes alterações em um curto período causam muitas dores, demandando um tempo de relaxamento para recompor o fluxo sanguíneo. Por isso, nessas situações, é imprescindível um período de pausa, para que o fluxo ganhe tempo para afastar os produtos da metabolização retidos dentro dos músculos (Iida, 2005).

Um músculo apresenta duas condições: tensionar ou relaxar. Iida (2005) explica que quando ocorre um maior estresse muscular, ou seja, quando o músculo ultrapassa determinada resistência, há um encolhimento, ou seja, uma **contração concêntrica**. Já, quando a força excede o estresse, acontece a **contração excêntrica**, e, ainda que o músculo esteja tenso, pode ocorrer uma distensão muscular. Por sua vez, quando um músculo apresenta uma tensão sem que haja uma mobilidade com o corpo, há uma **contração não dinâmica** ou **isométrica**.

Iida (2005) menciona que a organização biomecânica do corpo (atrelada à investigação dos sistemas biológicos) se assemelha a um sistema de alavancas constituído por ossos grandes que se ligam às articulações e são locomovidos por meio dos músculos. A autora divide esse sistema de alavancas em três classes, quais sejam:

1. **Alavanca de primeira classe ou interfixa** – O eixo está localizado entre a força (ou fulcro) e a resistência. Há três possibilidades nesse caso: (1) quando o braço de resistência e o braço de força são proporcionais, diz-se que não há **nem vantagem nem desvantagem mecânica**; (2) sendo o braço de força maior que o de resistência, há **vantagem mecânica**; (3) caso o braço de força seja menor que o braço de resistência, há **desvantagem mecânica**, requerendo mais força para a execução de uma atividade. Um exemplo de alavanca interfixa é a representada pelo apoio do crânio na coluna vertebral. Assim, a articulação atlanto-occipital é o fulcro, a face é a resistência, e o músculo trapézio e esplênio da cabeça representam a potência.

2. **Alavanca de segunda classe ou inter-resistente** – A resistência localiza-se entre o fulcro e a força. Nessas alavancas, o braço de força sempre é maior que o de resistência, ou seja, sempre há **vantagem mecânica**. Um exemplo, considerando o corpo humano, seria a articulação metatarsofalângica, quando realiza a flexão plantar em pé. Nesse caso, o fulcro do movimento é a metatarsofalângica, pois a resistência está nos pés, local em que o peso do corpo (articulação talocrural) está concentrado. A força é representada pela fixação do tríceps sural no calcâneo pelo tendão calcâneo.

3. **Alavanca de terceira classe ou interpotente** – A força está entre o fulcro e a resistência. Nesse caso, o braço de resistência sempre é maior que o braço de força, caracterizando **desvantagem mecânica**. A maior parte das alavancas do corpo humano é de terceira classe. Um exemplo seria a articulação do cotovelo quando se sustenta alguma carga com as mãos: o fulcro representaria a articulação, o peso sustentado pelas mãos corresponderia à resistência e o ponto de inserção do bíceps no rádio seria a força.

2.1.3 Coluna vertebral

A coluna vertebral é composta por 33 vértebras em que uma fica em cima da outra: 7 estão localizadas no pescoço, 12 na região torácica, 5 próximas da cintura, outras 5 vértebras são fundidas e 4 ficam nas nádegas constituindo o cóccix. As vértebras cervicais, torácicas e lombares são flexíveis; elas auxiliam na sustentação do peso do corpo inteiro, executam movimentos rotacionais e de flexão, e viabilizam os movimentos de extensão e lateralização (Padilha, 2011).

> A coluna possui 3 curvaturas fisiológicas (naturais), duas lordoses (são concavidades na cervical e lombar) e uma cifose (é uma convexidade torácica), porém, com uma utilização inadequada, através de má postura, por exemplo, podemos aumentá-las, diminuí-las ou até adquirir mais uma, a chamada escoliose. (Padilha, 2011, p. 26)

Na Figura 2.7, a seguir, podemos observar a representação dos tipos de deformidades da coluna vertebral.

Figura 2.7 – **Tipos de deformidades da coluna vertebral**

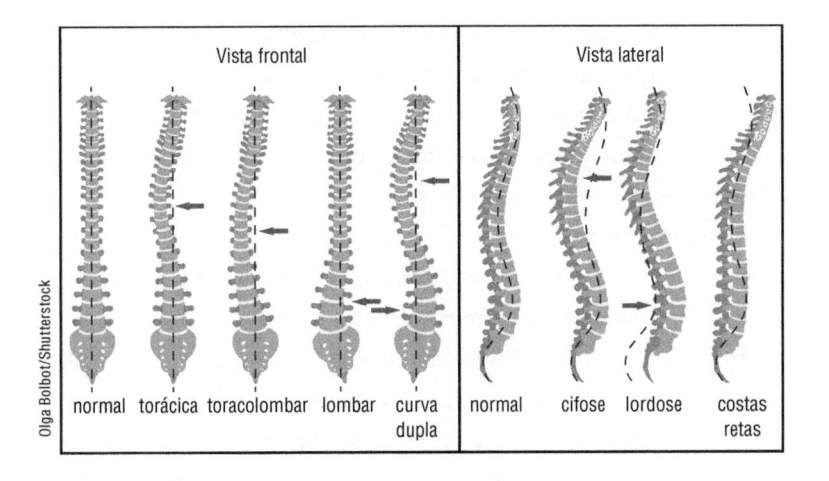

![Tipos de deformidades da coluna vertebral - Vista frontal: normal, torácica, toracolombar, lombar, curva dupla. Vista lateral: normal, cifose, lordose, costas retas. Olga Bolbot/Shutterstock]

Conforme apontado por Padilha (2011), essas deformidades podem ser adquiridas pela má postura durante as atividades cotidianas. A Figura 2.8 mostra algumas posturas incorretas adotadas por grande parte dos indivíduos.

Figura 2.8 – **Posturas incorretas**

Segundo Iida (2005), a coluna vertebral tem um canal constituído pelo empilhamento das vertebras, onde está localizada a medula espinhal, que se conecta ao encéfalo. A medula atua como uma ampla via local em que trafegam todas as mensagens sensitivas que se locomovem da periferia para o cérebro e voltam com as instruções para os movimentos mecânicos. O rompimento da medula impossibilita esse processo, acarretando paralisia.

A **lombalgia**, cujo significado é "dor na lombar", é proveniente do esgotamento dos músculos das costas. Normalmente, ela ocorre quando se permanece muito tempo na mesma postura com a inclinação frontal da cabeça, podendo ser amenizada com correção postural, adotando-se o hábito de se movimentar mais constantemente, como sentar e levantar da cadeira mais vezes ao dia. Entretanto, Alencar (2001, p. 30, grifo do original) assinala que a dor "**é um fenômeno complexo, que envolve não só aspectos fisiológicos, mas também psicológicos, ou seja, está relacionado com um grande número de fatores inerentes à própria personalidade do indivíduo e de fatores originários do ambiente em que vive**".

Para Marçal e Fantauzzi (2009), o colaborador afastado por lombalgia causa, para as organizações, uma diminuição na quantidade de funcionários e das horas trabalhadas pelo fato de a ausência por um período significativo resultar em redução de produtividade e qualidade da atividade laboral. Por consequência, faz-se necessário contratar profissionais que supram o quadro de colaboradores da empresa. Ainda, os autores relatam que a lombalgia pode prejudicar trabalhadores que exercem funções exaustivas no local de trabalho, por exemplo, motoristas, colaboradores da construção civil, enfermeiros, ou seja, profissionais que permanecem sentados por um longo período ou que trabalham em pé o dia inteiro.

Portanto, a lombalgia corresponde a um incômodo doloroso na região lombar que pode não apresentar causa evidente, porém geralmente está relacionada a um esforço repetitivo com ou sem locomoção. A dor na lombar pode ter início em diversas regiões: em algum local estrutural da própria coluna, em algumas áreas viscerais ou até mesmo pode ser originária de regiões vasculares.

2.2 Metabolismo

O metabolismo é a potência fundamental para preservar o desempenho ideal do organismo, estando relacionado à alimentação, que é convertida em energia. Uma fração dessa energia é usada para manter funções vitais (estômago, fígado e rins, por exemplo), chamado de *metabolismo basal*. Outra parcela serve como fonte de energia para as ações do dia a dia, como as tarefas no trabalho, nos estudos, nas atividades físicas. Finalmente, o restante é convertido em gordura e seu papel é servir como reserva de energia, a ser usada em momentos de necessidade (Padilha, 2011).

Assim, o metabolismo corresponde a diversas reações químicas do organismo, que têm como objetivo justapor e fracionar biomoléculas, bem como gerar energia e transformar as moléculas das substâncias nutritivas em constituintes precursoras de moléculas maiores. Durante a vida de um indivíduo, tendo em vista sua constituição física, acontecem inúmeras reações biológicas e químicas que destinam-se a preservar a vida por meio de alterações moleculares, que podem ocorrer na construção ou desconstrução de moléculas. Por isso, o metabolismo das células corresponde ao complexo dessas reações – de criação ou não – de moléculas.

Desse modo, o metabolismo pode ser entendido como o conjunto de processos químicos necessários ao corpo para criar, manter e/ou reiterar sistemas celulares, como também para gerar energia às necessidades internas e externas do indivíduo.

A Figura 2.9 esquematiza as reações metabólicas que ocorrem no organismo, chamadas de *anabolismo* e *catabolismo*.

Figura 2.9 – **Divisão do metabolismo**

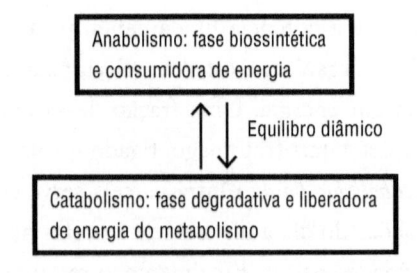

```
┌─────────────────────────────────┐
│ Anabolismo: fase biossintética  │
│ e consumidora de energia        │
└─────────────────────────────────┘
           ↑ ↓  Equilibro diâmico
┌─────────────────────────────────────┐
│ Catabolismo: fase degradativa e     │
│ liberadora de energia do metabolismo│
└─────────────────────────────────────┘
```

O **anabolismo** é o processo pelo qual substâncias mais simples são transformadas em moléculas mais complexas. As substâncias mais simples servem como matéria-prima para a construção de tecidos ou são estocadas para serem utilizadas quando necessário. Dois exemplos são: (1) aminoácidos são usados para a formação de proteína muscular; e (2) ácidos graxos livres se transformam em triglicérides, estocados nas células do tecido adiposo. A insulina e a testosterona são hormônios anabolizantes relacionados ao metabolismo da glicose e dos aminoácidos, respectivamente. Ressaltamos que qualquer excesso de substrato, glicose, aminoácido ou ácido graxo, se não convertido em combustível ou utilizado na formação de tecidos, é transformado em triglicérides e estocado no tecido adiposo ou gorduroso.

O **catabolismo**, por sua vez, consiste em transformar moléculas complexas em outras mais simples. Estas são utilizadas na manutenção dos processos fisiológicos; isso porque, nessa fase, as moléculas liberam energia que pode ser conservada em forma de ATP (adenosina trifosfato).

A diferença entre essas duas reações metabólicas está representada na Figura 2.10.

Figura 2.10 – **Anabolismo e catabolismo**

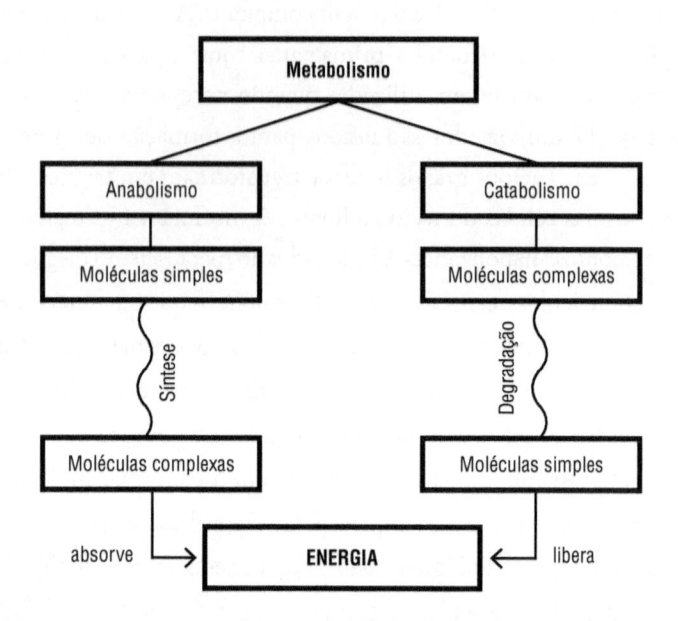

```
                    Metabolismo
                    /         \
            Anabolismo       Catabolismo
                |                 |
        Moléculas simples   Moléculas complexas
              (Síntese)        (Degradação)
                |                 |
       Moléculas complexas   Moléculas simples
                |                 |
          absorve →   ENERGIA   ← libera
```

Logo, é fácil perceber que no catabolismo ocorre uma degradação, ao passo que, no anabolismo, se realiza uma síntese.

2.3 Visão

A visão é encarregada por cerca de 1/3 da assimilação do ser humano, isto é, o ato de ver ativa procedimentos visuais, químicos e neurais. O olho é o órgão encarregado de perceber os elementos luminosos e modificá-los em estímulos que interagem e são decifrados pelo sistema nervoso. Ele é um recurso extremamente capacitado e sistematizado, no qual cada uma de suas constituições é responsável por uma atividade específica no processo de modificação da luz em imagens, ou seja, em visão. Qualquer dado luminoso vindo do meio externo, até atingir a retina, é processado no sistema óptico. O estado da retina, após ter tido contato com algumas substâncias químicas, para que a luminosidade seja transformada em impulsos elétricos, é direcionada por meio do nervo óptico até chegar ao córtex.

Os olhos de todo ser vivo exercem uma função essencial na interação com o universo. Em seu aspecto físico, o olho do ser humano é um sistema óptico polivalente que tem a habilidade de, em integração com o cérebro, gerar e organizar imagens.

2.3.1 Anatomia do olho

A visão é um sentido demandado em praticamente todas as atividades cotidianas. E isso não é diferente nas funções laborais (havendo, é claro, funções que admitem a força de trabalho de pessoas com deficiência visual de diferentes graus, sendo necessários em muitos casos certas adequações).

A seguir, apresentaremos aspectos anatômicos do olho, órgão em que se inicia a captação das imagens processadas no cérebro humano. Ao final da seção, comentaremos alguns problemas de visão que acometem as pessoas e como a ergonomia pode contribuir para o conforto e o desempenho delas em diferentes atividades.

Os olhos são órgãos localizados dentro de cavidades ósseas conhecidas como *órbitas oculares*, e revestidos por uma camada de tecido conjuntivo constituído de fibras, denominado *esclerótica*. Nessa estrutura, encontra-se uma área vítrea com grande curvatura, chamada *córnea*. Entre a córnea e o cristalino há um líquido que ocupa o compartimento anterior do olho, denominado *humor aquoso*, ou *humor vítreo* (Moraes, 2021).

Figura 2.11 – **Anatomia do olho**

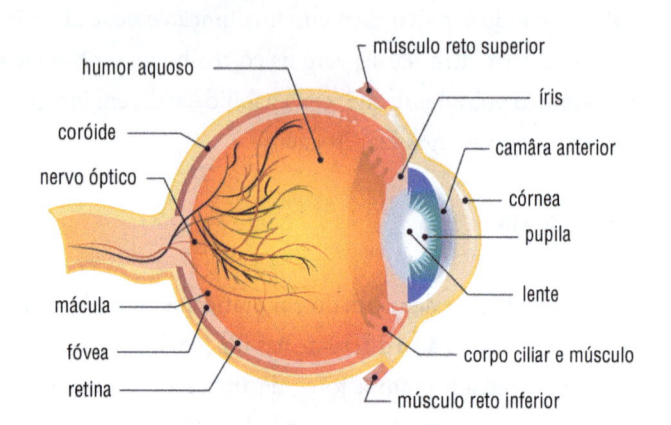

A retina é uma membrana frágil, cuja dimensão varia entre 0,1 mm e 0,5 mm. Ela envolve o maior segmento do globo ocular e é constituída por células fotossensíveis, convertendo em impulso elétrico a informação luminosa, o qual é conduzido ao cérebro por meio do nervo óptico. Ainda, trata-se de uma membrana mais interna, localizada abaixo da coroide, que tem dois tipos de células fotossensíveis: os cones e os bastonetes (Moraes, 2021).

Figura 2.12 – **Estrutura da retina**

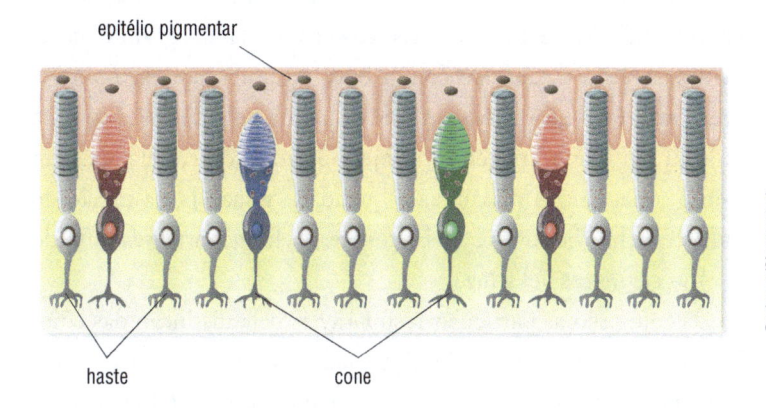

epitélio pigmentar

haste　　　　cone

A coroide, de acordo com Moraes (2021), que se localiza abaixo da esclerótica, trata-se de um filme composto por vasos de sangue e melanina o qual é responsável pela nutrição e pela absorção da luz que entra pela retina. Na área anterior da coroide, encontra-se a íris, sistema muscular com coloração que varia. Nela existe uma abertura no centro, a pupila, que permite a passagem da luminosidade para o globo ocular. É através da íris que ocorre a regulação da quantia da luminosidade que entra no olho. Assim, quando o indivíduo encontra-se em um local com a iluminação comprometida, o canal da pupila intensifica, possibilitando a passagem de grande quantidade de luminosidade; já, quando o indivíduo está em ambientes com maior claridade, o canal da pupila reduz, de modo a evitar um ofuscamento e uma entrada abundante de luz, a fim de não comprometer as células constituintes da retina.

Os bastonetes, conforme menciona Moraes (2021), são células extremamente sensíveis à luz e muito importantes em situações de pouca luminosidade. Essas células são encontradas em grandes quantidades na retina de animais com hábitos noturnos, por exemplo. Na retina, existem duas regiões, a fóvea e o ponto cego. A fóvea se situa no local em que a imagem do objeto é projetada e, nela, existem apenas cones, o que maximiza a qualidade visual. Já na região do ponto cego, não há cones nem bastonetes, e ele encontra-se no fundo do olho e é insensível à luz.

Os cones são as partículas responsáveis pela distinção das cores. Eles são pouco vulneráveis à luminosidade e contribuem para se obter uma representação mais clara, ou seja, abundante em detalhes. O olho humano contém três espécies de cones que são estimulados por cores distintas, sendo: (1) vermelho; (2) verde; e (3) azul.

2.3.2 Problemas de visão e auxílio da ergonomia

Waiswol, Cursino e Cohen (2001) explicam que o desenvolvimento pós-nascimento do cristalino humano não é equivalente ao padrão de evolução de outras partes do SNC ou a ele relacionadas. Durante a fase inicial da vida, a ampliação do cristalino aparenta respeitar um critério que é básico à grande parte das formações, tanto do SNC quanto do SNP. Com o passar dos anos, porém, esse progresso permanece em taxas constantes e evolutivas, ao passo que as outras estruturas atingem suas proporções finais, ou quase isso, próximas à terceira década de vida.

Conforme Sant'anna et al. (2006), a doença popularmente conhecida como *vista cansada* é tecnicamente designada *presbiopia*. Ela se caracteriza pela diminuição da capacidade do olho em focar claramente o objeto visto de perto. O surgimento do problema é identificado pelo sujeito como repentino; porém, em verdade, ele evolui de modo constante e pode afetar o indivíduo após a quarta década de vida, normalmente. Especialistas advertem que as consequências do problema são acentuadas pelo cansaço na vista, com aparecimento de dor de cabeça e, em algumas situações, ardência e lacrimejamento no ato de leitura.

Figura 2.13: Comparação **de uma visão normal e de uma visão com presbiopia**

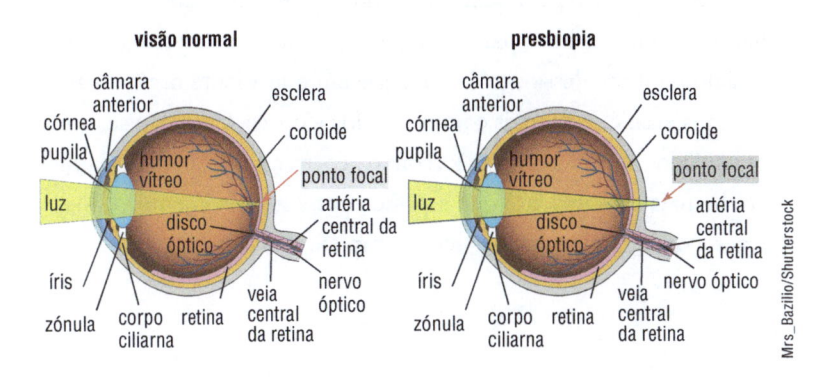

visão normal

- câmara anterior
- esclera
- córnea
- coroide
- pupila
- humor vítreo
- ponto focal
- luz
- artéria central da retina
- disco óptico
- íris
- nervo óptico
- zónula
- veia central da retina
- corpo ciliarna
- retina

presbiopia

- câmara anterior
- esclera
- córnea
- coroide
- pupila
- humor vítreo
- ponto focal
- luz
- artéria central da retina
- disco óptico
- íris
- nervo óptico
- zónula
- veia central da retina
- corpo ciliarna
- retina

Mrs_Bazilio/Shutterstock

Assim, o uso de óculos aliado a um ambiente com iluminação correta são premissas básicas para se assegurar o bem-estar das pessoas portadoras de presbiopia. Essas medidas são, inclusive, fundamentais para se prevenir o aparecimento dessa doença ainda no início da fase adulta (Queiroz, 2010). Conforme Temporini e Kara-José (2004), as pessoas diagnosticadas com algum tipo de doença ocular precisam de melhoria na iluminação para sua satisfação, conforto e qualidade de vida, pois dessa forma evita-se a piora da doença.

Segundo Ferreira, Ferreira e Gonçalves (2006), a doença chamada *catarata*, muito frequente na população idosa, promove uma deficiência gradativa da visão, o que gera adversidades na execução de tarefas corriqueiras. A catarata é uma anomalia ocular que contribui para que o cristalino fique opaco. Com isso, a visão torna-se ofuscada, como se houvesse uma neblina diante dos olhos (Figura 2.12). Isso porque, com o avanço da idade, as fibras do cristalino crescem em espessura e diâmetro, ocasionando, no início, a presbiopia. Esse, inclusive, é o motivo pelo qual vários indivíduos com mais de 45 anos necessitam usar óculos para enxergar de perto. A catarata é como o estágio seguinte dessa ocorrência, fase em que a lente orgânica fica com sua elasticidade mais comprometida e opaca. Caso não se tome os cuidados necessários, a visão, com o decorrer do tempo, vai ficando ainda mais ofuscada, até que a pessoa passa a ver somente vultos e luzes, podendo chegar à cegueira completa.

Figura 2.14 – **Olho acometido por catarata e olho saudável**

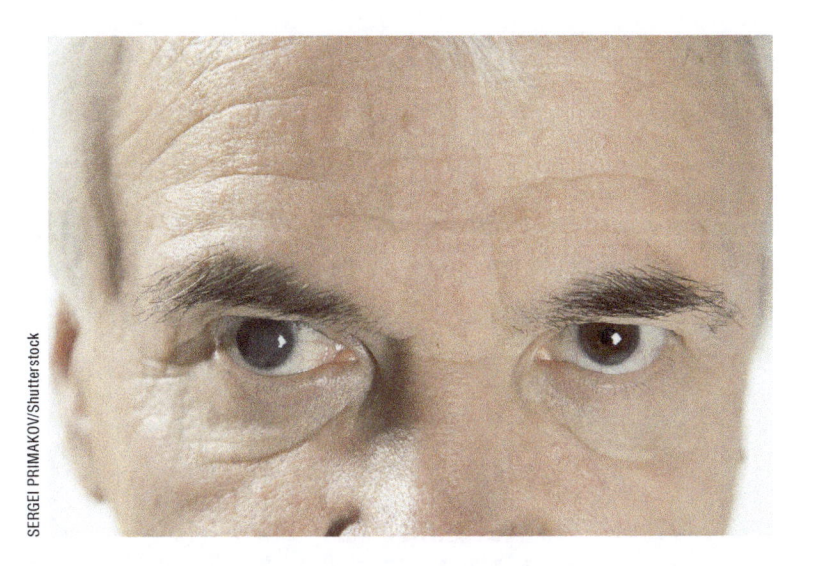

SERGEI PRIMAKOV/Shutterstock

As dificuldades visuais – como enxergar de longe (miopia), perceber objetos próximos como embaçados (hipermetropia) e apresentar visão turva causada pela diferença na curvatura dos olhos (astigmatismo) -, advêm da incapacidade da visão em focar as imagens em cima da retina, e esse diagnóstico também inclui realizar o teste de acuidade visual.

Figura 2.15 – **Placa de teste de acuidade visual**

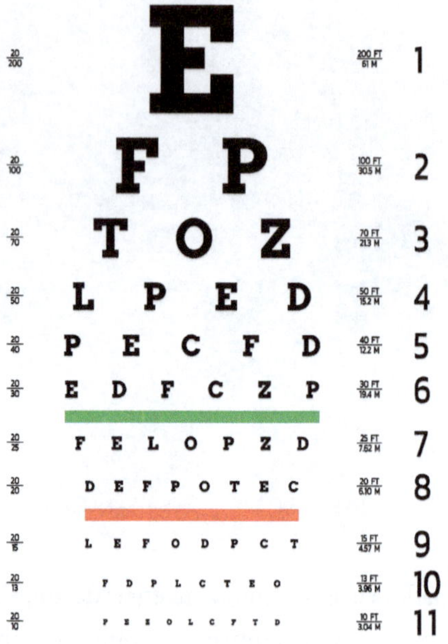

shopplaywood/Shutterstock

De acordo com Garrity (2019), o dano em um nervo óptico ou em alguma de suas rotas acarreta perda da visão. No *quiasma óptico*, uma estrutura específica do cérebro, ocorre uma segmentação dos nervos e 50% de suas fibras realizam um cruzamento até o outro lado. Por causa desse arranjo anatômico, os danos que afetam o nervo óptico propiciam tipos exclusivos de perda na visão. Ao entender o que caracteriza a perda da visão, o oftalmologista pode identificar o local onde se encontra o problema.

Nesse sentido, a ergonomia focada na visão é fundamental para preservar a vista, evitando o uso posterior de óculos ou lentes de contato. Para tanto, também é imprescindível consultar o oftalmologista anualmente, mesmo que não haja nenhuma doença aparente. Assim, na atividade laboral, a atenção à visão refere-se especialmente à luminosidade e ao período de permanência em frente a múltiplas intensidades luminosas. As orientações mais frequentes são: utilizar algum tipo de proteção contra a luz solar ou iluminação intensa junto às janelas; estabilizar o brilho da tela do monitor, dando atenção ao contraste; manter uma distância de aproximadamente 65 cm; realizar pausas, pequenos intervalos, para repousar os olhos; piscar voluntariamente ou ao estar exposto a tarefas prejudiciais à visão, como soldagens.

Segundo Gentil et al. (2011), o uso do computador demanda que as pessoas estejam frequentemente, todos os dias e por um longo período, diante de uma tela luminosa. Essa utilização exorbitante do equipamento coloca a saúde e a segurança dos indivíduos em risco; isso porque já existem evidências de efeitos prejudiciais à visão, por exemplo. A síndrome da visão do computador (CVS, sigla do termo em inglês *Computer Vision Syndrome*) tem crescido vertiginosamente e algumas pesquisas mostram que quase 100% dos 70 milhões de indivíduos nos Estados Unidos, que trabalham com computador em torno de três horas diariamente sofrem, da CVS, que acarreta os seguintes incômodos: cansaço nos olhos, ardência ocular, olhos avermelhados, sensibilidade, ofuscamento na visão, falta de lubrificação nos olhos, entre outros. Para evitar ou reduzir os efeitos nocivos causados pela exposição á tela do computador, é recomendável manter uma postura correta, observando a distância da cadeira e a posição em que a máquina é acondicionada (conforme mostra a Figura 2.16).

Figura 2.16 – **Posição correta diante do computador**

ilusmedical/Shutterstock

Na perspectiva da **ergonomia de interface**, Abrahão et al. (2009) comentam que a satisfação humana está fortemente relacionada à conveniência visual. Contribuem para isso indicadores de estudos embasados na inovação tecnológica e na adaptação técnica do *layout*, de modo que se alcancem a usabilidade e a proteção. Sobre esse tema, Ambrose e Harris (2012) salientam que comunicar, direcionar, entreter, nortear e agradar são atribuições fundamentais a serem estabelecidas na utilidade do *layout*. Os autores acrescentam que o objetivo principal do *layout* é expor as informações textuais e visuais adequadamente, de forma que o usuário faça o menor esforço possível.

> O sistema técnico de leitura ergonômica [...] quanto à percepção visual e recebimento de informações, baseia-se na definição de quatro códigos visuais:

1. Tipográfico: que diz respeito à família de letras, números e outros sinais e caracteres;

2. Morfológico: organização visual da informação, diagramação e Leis da Gestalt (Unidade, Segregação, Unificação, Fechamento, Continuidade, Proximidade, Semelhança e Pregnância da forma);

3. Cromático: definição e utilização das cores; e

4. Tecnológico: processos de produção, reprodução e transmissão da informação. (Vieira; Braviano, 2017)

Para Batista (2008), a forma como o indivíduo reage aos impulsos visuais é uma ação técnica dimensionável que colabora para um campo específico de estudo, o da **ergonomia cognitiva** (tema que continuaremos debatendo ao longo do livro).

2.4 Audição

O sistema auditivo é quase em sua totalidade situado dentro do segmento petroso do conjunto ósseo das têmporas (e pensando bem é uma fantástica ação de miniaturização realizada pela natureza que antecede a tecnologia). Refere-se a uma organização de pequenos e frágeis elementos morfológicos de proporções menores que o milímetro; várias delas podem ser vistas apenas com o auxílio de microscópio. Essa minuciosa anatomia proporciona ao sistema auditivo aspectos específicos atinentes a sua funcionalidade na modificação da energia do som a partir da captação, do transporte e da assimilação da mente ao atingir o local cortical da audição, no lobo temporal que se encontra no encéfalo (Giacheti; Gimeniz-Paschoal, 2013).

Figura 2.17 – **Anatomia da audição**

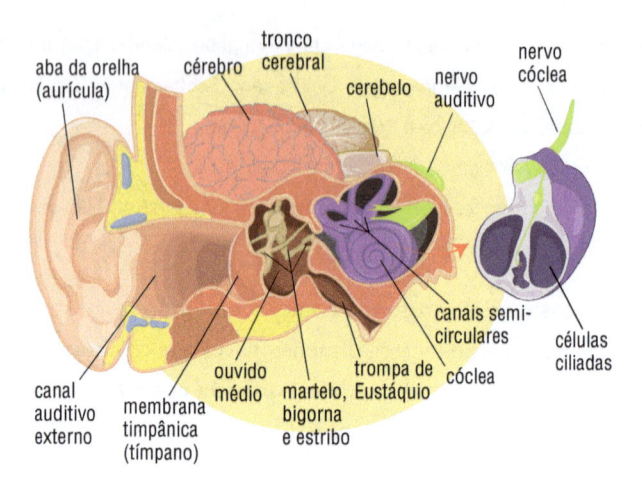

A atribuição do ouvido, de acordo com Iida (2005), é receber e transformar as ondas de pressão aéreas em indícios elétricos, que são conduzidos ao cérebro para realizar os efeitos sonoros. Para o autor, enquanto o olho do ser vivo pode ser comparado a uma câmera fotográfica, o ouvido se assemelha a um microfone.

A audição, para Giachetti e Gimeniz-Paschoal (2013), é um evento enigmático do qual fazem parte dois integrantes, um fisiológico e outro psicológico. Dessa forma, o procedimento de organização mental se efetiva graças ao efeito de um impulso sonoro. Para a fonoaudiologia, a audição precisa de potência e regularidade dos sons, ao mesmo tempo em que a psicologia necessita de seu sinal e de sua estrutura.

2.5 **Outros sentidos: olfato e paladar**

Para além da visão e da audição, o organismo humano dispõe de outros sentidos, como olfato e paladar.

Os sentidos do olfato e do paladar são empregados em várias atividades, e profissionalmente tornam-se elementos relevantes nas atividades de gastrônomos, baristas etc. Em situações de risco, funcionam como alerta (quando alguém sente o cheiro de gás, por exemplo). Na perspectiva fisiológica, segundo Iida (2005), paladar e olfato estão associados intrinsicamente. O gosto de um alimento advém, por exemplo, da conciliação entre cheiro e palato. Os dispositivos que recebem estímulos tanto do paladar quanto do olfato são receptores químicos incitados por corpúsculos em solvência com o muco encontrado no interior do nariz e da saliva da cavidade bucal. Iida (2005) comenta que, quando o organismo é exposto a um mesmo cheiro por muito tempo, a intuição desse cheiro vai minimizando, podendo, até mesmo, sumir depois de determinado período. Isso ocorre até mesmo com os maus cheiros. No entanto, se existem cheiros distintos em um mesmo local, sua assimilação não é agravada.

Sobre o paladar, o autor comenta:

> O paladar é percebido pelas células receptoras das papilas gustativas da língua. O ser humano possui cerca de 10 000 papilas gustativas, sensíveis a quatro paladares: doce, salgado, ácido e amargo. O sabor dos alimentos resulta de diferentes combinações desses quatro componentes. O paladar também tem baixa capacidade de discriminar diferentes concentrações. A diferença só é notada quando a concentração da substância altera-se em 30%.
> (Iida, 2005, p. 93)

Por fim, no paladar existe a possibilidade de serem percebidas as consequências de reflexos vagarosos e de contrastes visuais. Sendo assim, a intuição de um gosto pode subsistir durante determinado tempo.

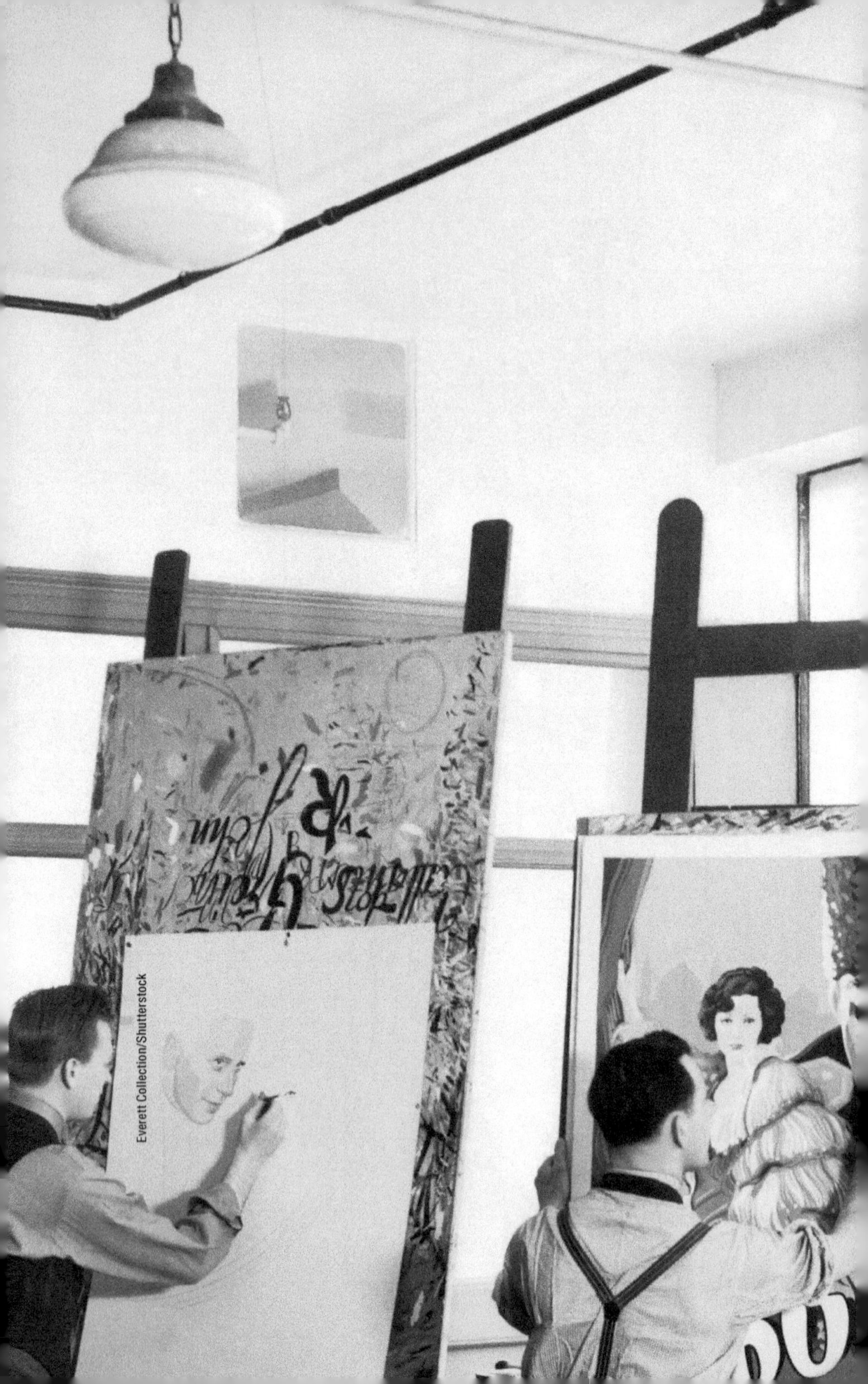

Everett Collection/Shutterstock

Capítulo 3

ILUMINAÇÃO E CORES: UM BREVE CENÁRIO

Na Pré-História, o ser humano supria suas necessidades por meio da luz solar e até mesmo da luz proveniente da lua. A visão, nesse sentido, era uma grande aliada na realização de tarefas.

Maia (2018) menciona que o domínio do fogo ocorreu supostamente por volta de 500 mil anos, representando um enorme avanço, semelhante ao desenvolvimento da escrita em tempos menos longínquos. O fogo foi útil para socorrer pessoas, sarar suas feridas, aprimorar sua alimentação e clarear suas noites.

Brandão et al. (2013) relatam que, ainda nos tempos das moradias primitivas, a iluminação era necessária, mas oriunda praticamente da luz solar, em algumas situações, todavia, originava-se de uma fonte de luz artificial, que o ser humano viabilizava com alguns recursos. Assim, quando o homem habitava em cavernas, o fogo era usado não somente para esquentá-los, mas também para preparar seus alimentos, o que contribuía com a iluminação do ambiente. Dessa maneira, essa fonte de luminosidade pode ser entendida como a primeira "lâmpada", sendo as tochas as primeiras "luminárias", claro que em conformidade à denominação atualmente adotada (Brandão et al., 2013)

Segundo Maia (2018), foi no Paleolítico que se registraram as mais significativas descobertas históricas. Nesse período, sabe-se que foram confeccionadas 22 tochas rudimentares, que aos poucos foram melhoradas pelos hebreus e egípcios. Depois a gordura animal passou a ser usada na iluminação, funcionando como velas primitivas. Curiosamente, a palavra *lâmpada* tem origem do grego *lampas*, cujo significado é "tocha", tendo sido criada por volta de 70.000 a.C.

A luz, para o ser humano, provocou, portanto, um interesse e um incentivo à intelectualidade e à criatividade. Para diversas sociedades, a luz criava e garantia a sobrevivência e, por isso, era considerada uma dádiva milagrosa.

Brandão et al. (2013) apontam que a iluminação gerada artificialmente nos ambientes residenciais tem maior relevo com o surgimento da eletricidade e a invenção da lâmpada incandescente. Ela foi responsável pela elevação da iluminação nas áreas internas e externas, permitindo uma amplitude no fluxo de luminosidade por metro quadrado. Isso contribui positivamente para a execução de tarefas, especialmente no período da noite. Logo, tais avanços propiciaram maior eficácia do processo de iluminação ativo, na iminência de trazer mudanças nos costumes domiciliares dos indivíduos. Isso ocorreu porque tais mudanças sensibilizaram o requinte doméstico, inspirando pontualmente o embelezamento dos ambientes com a oportunidade de uma vivência visual inédita do usuário com o recinto.

PARA SABER MAIS

A moradia de Rui Barbosa, um dos intelectuais mais reconhecidos da sociedade brasileira, hoje vinculada ao Ministério da Cidadania e pertencente à Fundação Casa de Rui Barbosa, abriga, em conjunto com o estilo do dia a dia de uma época, a memória da gênese da iluminação elétrica nas moradias do Rio de Janeiro. Acesse o *site* e descubra o acervo *on-line* disponível para consulta.

BRASIL. Ministério da Cidadania. Fundação Casa de Rui Barbosa. Disponível em: <http://www.casaruibarbosa.gov.br/>. Acesso em: 12 maio 2021.

3.1 Cores

Cor é um *feedback* relativo a um impulso de luz que adentra nos olhos. O olho é um órgão assimilador de impulsos, mas incapaz de captar qualquer impulso desacompanhado, ou seja, ele capta um grupo de impulsos sincronizados e complexos que se relacionam entre si, configurando uma ilustração (Iida, 2005).

Na concepção de Azevedo, Santos e Oliveira (2021), as cores, por meio dos sentidos, podem ser definidas pelo comprimento de onda, vibrações, energias ou sentimentos. É fundamental entender que todas as pessoas estão sujeitas a essa energia, quer seja pela sensibilidade a alguns impulsos luminosos, quer seja pela atuação psicológica que os sujeitos concedem à cor.

De acordo com Ribeiro (2011), a cor tem relação com as distintas extensões longitudinais do espectro eletromagnético. Ela não apresenta, portanto, as características físicas do universo, mas obedece a uma configuração interna que lhe é específica. Dessa maneira, os elementos não apresentam coloração, o que se percebe é originado por impulsos físicos de essência bastante distinta.

O planejamento das cores, mesmo sendo objeto de estudo e trabalho de arquitetos e engenheiros, é tratado como um elemento secundário pertencente ao ambiente, mas torna-se um aspecto primordial aos ergonomistas. Afinal, esses profissionais adequam a utilização das cores ao espaço de trabalho, não somente no âmbito da segurança, da distribuição e da assistência de direcionamento organizacional, mas também no tocante à saúde e à comodidade dos colaboradores (Azevedo; Santos; Oliveira, 2021).

Selecionar de modo adequado cores para integrar o ambiente de trabalho pode ser quase tão significativo quanto escolher os colaboradores apropriados para desempenhar determinadas funções na empresa. As cores, segundo Marques (2017), podem interferir na conduta dos trabalhadores, em seus padrões de produtividade, em sua disposição e atuação na organização. Assim, a fim de se criar locais profícuos de trabalho, é preciso contemplar a funcionalidade dos projetos, com características aprazíveis e aconchegantes. Ainda, é recomendado evitar o uso de linhas incompreensivas, bastante utilizadas em instalações convencionais, que apresenta a imagem do indivíduo como integrante secundário. Escolher uma arquitetura mais animada, pura e límpida, que também leve em conta luminosidade, ventilação, vista externa e espaços de circulação, prepara positivamente a mente do colaborador (Azevedo; Santos; Oliveira, 2021). Iida (2005) defende que uma boa elaboração das cores viabiliza melhorias no entusiasmo e aumenta a produtividade, pois diminui a fadiga e, até mesmo, reduz os riscos de acidentes.

Azevedo, Santos e Oliveira (2021), ao tratarem sobre a fisiologia da cor, salientam que é por meio dos órgãos de recebimento (cones ópticos) que o indivíduo percebe, capta e reconhece as cores que são reproduzidas. A luz é composta de radiações que, ao atingir o olho, criam percepções de cores diferenciadas conforme seu comprimento de onda, sua intensidade e as combinações efetuadas.

A psicologia das cores, enfatiza Rocha (2019), busca entender qual é a sensibilização que cada cor estimula na mente do indivíduo, uma vez que cada uma carrega um conceito, ou seja, é capaz de provocar emoções específicas nos seres humanos.

Figura 3.1 – **Psicologia das cores**

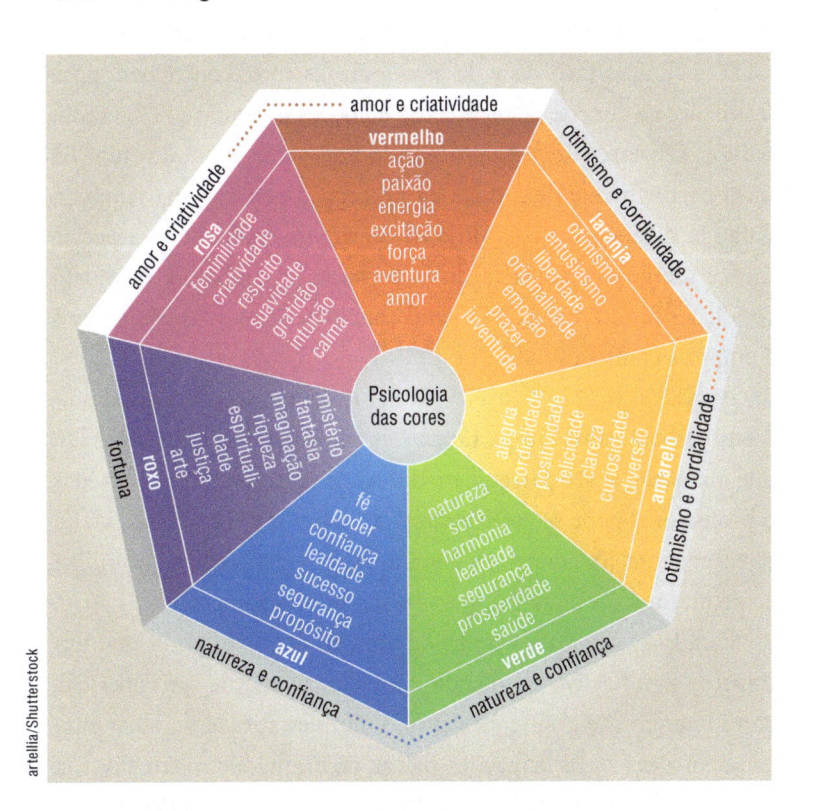

A fisiologia investiga os processos de concepção da cor, já a psicologia se preocupa com as intervenções das cores nas emoções humanas. Há algum tempo, psicólogos e profissionais da área da ergonomia perceberam que, em certas profissões, o impacto psicológico das cores e o uso que se faz dele é primordial. No marketing, por exemplo, a cor é imprescindível na exibição e no acolhimento do produto pelos consumidores. Os arquitetos utilizam as cores como elemento fundamental para compor o ambiente, a fim de deixá-lo mais agradável e obedecer aos propósitos aos quais se destina.

Nas clínicas médicas e de psicologia, as cores contribuem positivamente na cura de doenças e nas emoções do enfermo (Azevedo; Santos; Olivera, 2021). Logo, o estudo das cores é um dos tópicos mais pertinentes e discutidos da percepção ocular e sua temática abrange diversos campos do conhecimento, englobando especialmente a ergonomia. Além disso, fornecer ao ambiente melhores condições resulta, como já sabemos, em benefícios ao colaborador e à empresa como um todo.

Azevedo, Santos e Oliveira (2021) lançam o seguinte questionamento: Qual é a real importância das cores para os indivíduos? De que maneira elas são percebidas? Buscando responder a essas dúvidas, o profissional pode se conscientizar dos efeitos das cores nos locais que frequenta, nos alimentos que ingere, nas vestimentas que utiliza e, até mesmo, nas emoções que vivencia cotidianamente.

Para Lacy (2000), a escolha de uma ou outra cor pode criar um impacto significativo na vida do indivíduo, apesar de várias pessoas considerarem irrelevante esse fato. A simples atitude de olhar para uma cor gera transformações físicas no indivíduo; além disso, a aplicação de determinada tonalidade em ambientes residenciais ou locais de trabalho intervém no comportamento das pessoas que ali moram ou trabalham. A autora acrescenta que a cromoterapia será uma técnica fundamental nos próximos anos, já que essa alternativa terapêutica tem a possibilidade de diminuir o estresse e melhorar a energia do indivíduo. O caminho está em harmonizar os ambientes, os indivíduos e as particularidades destes com as cores mais adequadas. Isso porque as cores atuam sobre as pessoas não somente por meio da visão, notificando algo, mas também através da luz, emitida por ondas de energia em formas de ondas eletromagnéticas.

CURIOSIDADE

Em uma investigação sobre a cromoterapia e seu desenvolvimento científico, pesquisadores do setor de Física da Universidade de Balochistan, em Quetta, no Paquistão, a conceituam como uma metodologia de recurso terapêutico que utiliza o espectro eletromagnético para sanar patologias. Eles enfatizam que essa técnica não é recente, já que os egípcios faziam uso, séculos atrás, da luz solar e das cores em tratamentos de saúde. Logo, a cor é objeto de estudo e aplicação desde 2000 a.C. (Honorato, 2019).

A naturóloga Mariana Vitte, em entrevista para Honorato (2019), afirma que, na cromoterapia, cada cor tem uma característica distinta que atua em locais essenciais a fim de promover uma ação de cura.

- **Verde** – Auxilia no equilíbrio interior e ajuda a minimizar o estresse. Na cromoterapia, essa cor tem uma energia de frescor e um ativo tranquilizante, favorecendo o conforto do corpo e da mente. Além disso, é benéfica à imunidade, sendo empregada para eliminar patologias infecciosas.
- **Azul** – Apresenta atributos sedativos que agem no sistema nervoso e no sistema muscular. Na terapia das cores, o azul é utilizado na intervenção de noites maldormidas ou aspectos relacionados ao estresse, levando tranquilidade e regulando o organismo.
- **Vermelho** – Intensifica a energia, o ânimo e o hormônio adrenalina. Na cromoterapia, o vermelho é aplicado para revigorar

e reestabelecer o desempenho do coração e estimular o fluxo sanguíneo.
- **Amarelo** – Ativa a inteligência e o sistema nervoso central. Favorece a ampliação da criatividade e renova o humor. Na terapia das cores, auxilia na timidez a fim de que os indivíduos tenham um melhor desempenho no relacionamento interpessoal.
- **Laranja** – Apresenta uma eficiência energética, visto que desenvolve a autoestima, o ânimo e a inteligência. Por ser uma composição do vermelho com o amarelo, é também uma cor vibrante, empregada sobretudo na cura da depressão.

Na abordagem de Verdussen (1978), essas cores têm a possibilidade de ser utilizadas para estabelecer ambientes mais aconchegantes ou minimizar condições desagradáveis, como o marasmo de determinadas tarefas. Dessa forma, o estado de disposição do indivíduo, ao final do dia, é influenciado, e bastante, pelo ambiente. Um local de repouso, uma sala onde acontecem reuniões, ambientes escolares, hospitalares e até mesmo as indústrias precisam trabalhar com uma associação de cores que preserve as necessidades do indivíduo ou dialogue com aspectos de suas atividades laborais.

> **Exemplo prático**
>
> A atuação de cores em hospitais vem modificando o dia a dia desses locais, ajudando na estabilidade física e psíquica dos enfermos, bem como dos funcionários. Sob a perspectiva da cromoterapia, a Unidade de Tratamento Intensivo (UTI) do Hospital Universitário João de Barros Barreto, situado em Belém do Pará, iniciou um tratamento com cores.

Primeiramente, foi feito um levantamento das características relacionadas ao conteúdo das atividades dos colaboradores, especialmente médicos e enfermeiros, bem como das necessidades específicas do local para a execução das tarefas laborais em conformidade com as prioridades dos enfermos. Observou-se, ainda, a realidade do Hospital Universitário como local de tratamento de patologias infectocontagiosas, dispondo de áreas de isolamento para alguns enfermos.

De maneira abrangente, as exigências de um ambiente de UTI intervêm nas atividades físicas e psíquicas dos funcionários, que, geralmente, trabalham preocupados. Isso acontece porque eles têm de estar concentrados continuamente a fim de não cometer erros, ou seja, há uma elevada taxa de responsabilidade emocional relacionada a processos decisórios, além do expediente imposto à função, com plantões, escalas diferenciadas etc. A condição dos enfermos não é menos intensa, já que são submetidos ao isolamento e a sofrimentos que levam à apreensão e ao temor.

Assim, o estudo do ambiente constatou que o domínio da coloração branca criava condições de tédio, estafa e exaustão. Dessa maneira, pelo fato de ser um local de longa estadia, decidiu-se pelo emprego de cores calmantes, afastando-se as colorações intensas que pudessem criar condições de agitação pela admissão de luminosidade artificial, misturada com lâmpadas incandescentes e de outros tipos, dimensionadas para suprir as necessidades do campo visual específicas do ambiente.

As divisões da área principal e de isolamento foram pintadas na cor verde, com tonalidade pastel. O forro do ambiente continuou com a coloração branca, como um chamamento à reflexão, e no piso aderiu-se a cor cinza, que ajudou nos processos de higienização. O pé-direito de determinados locais estava insatisfatório, mas sua modificação estrutural não era possível; assim, optou-se por deixá-lo na cor branca, como o revestimento do forro, o que fez com que o local parecesse mais alto. As portas e as divisões situadas entre os leitos respeitaram a especificidade do modelo painel/vidro, com coloração "gelo", que permitiram, aos profissionais, uma administração melhor dos leitos, uma vez que favoreceu a visualização dos enfermos. Para os locais próximos da área principal, como sanitários e lavabos, expurgo, antissepsia, rouparia, almoxarifado e despensa, foram estabelecidos a cerâmica de coloração branca para o revestimento e a pintura com tinta acrílica na coloração "areia" para as paredes, mantendo a solução da cor acinzentada para o piso e revestimento de forro na cor branca. O uso de cores foi igualmente empregado como item explicativo, identificando placas e tubulações visíveis (normatizadas para instalações em ambientes de saúde e industrial), respeitando-se as orientações prescritas nas normalizações técnicas. Um método mais antagônico, com a coloração "ocre", foi utilizado na base do dispositivo de administração das informações dos enfermos, situados no posto de enfermagem, causando uma dessemelhança, proposital, com a coloração verde pastel das paredes e a cor branco gelo das mesas de trabalho. Essa dessemelhança desperta a concentração sobre as informações e evita possíveis descuidos.

 A adesão desses padrões, a investigação da circulação dentro do local e a assistência prioritária à estrutura material (por exemplo, compra de equipamentos) transformaram o hospital em uma área mais agradável. O ambiente também passou a ser mais gratificante à prática de todos os colaboradores, que passaram a realizar suas tarefas com mais segurança e mantendo um melhor relacionamento com os enfermos, que estavam mais vivazes. Aos enfermos foi proporcionado, de maneira excelente, além da melhoria na infraestrutura do local, êxito no estado psicológico para vivenciarem, com conveniência, o sofrimento e a dor aos quais estavam submetidos.

3.2 Fotometria

A fotometria consiste em aferir a luminosidade geralmente com emprego de instrumentos eletrônicos que são utilizados nas análises ergonômicas do ambiente (Okimoto, 2000). Pais (2011) define *luz* como uma onda eletromagnética apropriada para gerar efeitos visuais; a luz é, à semelhança do som, do aroma e do calor, a ação que desperta a essência da visualização. Ela é fundamental para a execução de várias atividades, em casa ou no ambiente de trabalho; ela é imprescindível, ainda, para a segurança das pessoas. O uso de uma fonte de luz apropriada viabiliza criar um ambiente luminoso confortável, priorizando a saúde da visão, sobretudo.

O conceito de **iluminância** refere-se ao curso luminoso de uma fonte que propaga luz, a qual reflete em parte de uma área localizada a alguma distância dessa fonte. Ou seja, trata-se da quantidade de iluminação no interior de um ambiente, que pode ser medida com um luxímetro.

Figura 3.2 – **Luxímetro digital**

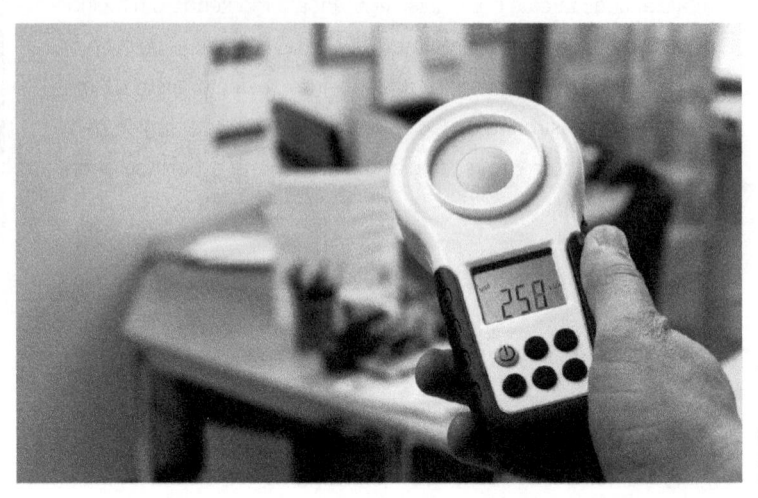

JRJfin/Shutterstock

Segundo Iida (2005), as unidades de fotometria predominantes são: intensidade luminosa, fluxo luminoso, iluminamento e iluminância. Com relação a essas variáveis, tem-se as seguintes características:

- **Intensidade luminosa** – Corresponde à luz irradiada por uma fonte ou refletida em uma área iluminada.
- **Fluxo luminoso** – É a energia luminosa que provém de uma fonte.
- **Iluminamento** – Representa a quantia de luz que incide sobre uma área.
- **Iluminância** – Corresponde à quantia de luz emitida por uma região e assimilada pelo olho do ser humano.

Iida (2005) relata sobre as leis da iluminação que combinam associações matemáticas com determinadas grandezas físicas, quais sejam:

- **I** – intensidade de iluminação da fonte, unidade de medida em candelas.
- **F** – fluidez luminosa, unidade de medida em lúmens.
- **E** – iluminamento, unidade de medida em lux.
- **L** – iluminância, unidade de medida em candelas/m^2.
- **R** – refletância, unidade de medida em porcentagem.
- **S** – área iluminada, unidade de medida em metros quadrados.
- **D** – distanciamento entre a fonte e a área, unidade de medida em metros.

O grau de iluminamento, de acordo com Iida (2005), atinge diretamente o processo físico da visão, bem como os músculos do olho, que são responsáveis pela movimentação ocular. Vários elementos interferem na distinção visual, como a idade e as características particulares de cada indivíduo. Cabe ressaltar, porém, três elementos mais relevantes e controláveis ao se tratar do planejamento dos postos de trabalho: (1) quantidade de luz; (2) período de exposição; e (3) contraste entre ilustração e fundo.

Iida (2005) pesquisou os antigos sistemas de iluminação em ambientes laborais na década de 1950; nesse período, era urgente reduzir os gastos com energia elétrica, o que, na época, poderia comprometer a visão dos trabalhadores. Atualmente, com lâmpadas mais eficazes e até mesmo focos de luz localizados, a orientação é que se utilizem luzes com maior intensidade; afinal, a iluminação inadequada e o consequente esforço da visão ocasionam um quinto dos acidentes de trabalho.

É possível encontrar várias tabelas que indicam os níveis de iluminamento recomendados para os mais diversos locais. Apresentamos, a seguir, um exemplo.

Quadro 3.1 – **Níveis de iluminamento sugeridos para alguns tipos de atividade**

Tipo	Iluminamento (lux)	Exemplos de aplicação
Iluminação geral de ambientes externos	5 – 50	Iluminação externa de locais públicos, como ruas, estradas e pátios.
Iluminação geral para locais de pouco uso	20 – 50	Iluminação mínima de corredores e almoxarifados, zonas de estacionamentos.
	100 – 150	Escadas, corredores, banheiros, zonas de circulação, depósitos e almoxarifados.
Iluminação geral em locais de trabalho	200 – 300	Iluminação mínimo de serviço. Fábricas com maquinaria pesada. Iluminação geral de escritórios, hospitais, restaurantes.
	400 – 600	Trabalhos manuais pouco exigentes. Oficinas em geral. Montagem de automóveis, indústria de confecções. Leitura ocasional e arquivo. Sala de primeiros socorros.
	1 000* – 1 500*	Trabalhos manuais precisos. Montagem de pequenas peças, instrumentos de precisão e componentes eletrônicos. Trabalhos com revisão e desenhos detalhados.
Iluminação localizada	1 500 – 2 000	Trabalhos minuciosos e muito detalhados. Manipulação de peças pequenas e complicadas. Trabalhos de relojoaria.
Tarefas específicas	3 000 – 10 000	Tarefas especiais de curta duração e de baixos contrastes, como em operações cirúrgicas.

(*) Pode ser combinado com a iluminação local.

Fonte: Iida, 2005, p. 464.

De acordo com Iida (2005), o tempo de exibição para que um elemento possa ser caracterizado está sujeito a suas dimensões, a seus contrastes e ao grau de iluminamento (em grande parte das situações, um segundo já é o bastante). Se os itens e o contraste forem considerados pequenos ou baixos, o tempo sofre alteração. Por exemplo, quando se trata de um elemento pequeno, se o contraste diminuir aproximadamente 20%, o tempo pode aumentar em até quatro vezes para ser considerado o suficiente. Isso porque o olho humano não tem facilidade em fixar certos elementos, principalmente quando estão em movimento. Um objeto que esteja se movimentando de forma contínua em uma esteira faz com que os olhos exerçam diversas fixações aos "saltos". Se houver uma aceleração, certamente alguns objetos não serão percebidos, comprometendo a eficácia de um inspecionamento visual.

CURIOSIDADE

Em um experimento de laboratório, a mesma tarefa foi realizada com diferentes níveis de iluminamento, na faixa de 10 a 2000 lux. O tempo necessário para realizar essa tarefa foi sendo reduzido conforme o aumento do iluminamento. Observou-se que, a partir de 200 lux, não ocorreram melhorias consideráveis, mesmo que o experimento tenha chegado a 2000 lux. Assim, constatou-se que o aumento de iluminamento acima de certo nível crítico torna-se desnecessário, representando desperdício de energia, uma vez que não há uma melhoria correspondente no âmbito da produtividade. Além disso, níveis acima de 1000 lux favorecem o aparecimento da fadiga visual (lida, 2005).

Lauar (2012) salienta que a iluminação no ambiente de trabalho é um dos parâmetros de produtividade, excelência da produção e bem-estar do colaborador. Assim, uma iluminação inadequada pode prejudicar a saúde física e mental dos funcionários, impactando negativamente em seu desempenho ou até mesmo ocasionando um acidente de trabalho. Sob essa perspectiva, a falta de iluminação pode ser uma ameaça ao espaço onde são desenvolvidas as atividades laborais. A depender das especificidades ambientais, um ambiente mal-iluminado apresenta sérios perigos. Já a iluminação adequada proporciona: ampla produtividade; excelência no produto ou serviço executado; diminuição de acidentes; redução com gastos de materiais; atenuação do esforço visual e geral; assertividade na administração das atividades; melhor utilização e organização dos espaços; e melhora no ânimo dos funcionários.

Nesse sentido, a iluminação é escopo de regulamentação nacional e internacional e obedece a atributos globais de padronização, que, no Brasil, são regulados pelo Ministério do Trabalho e Emprego por meio da Norma Regulamentadora 17 (NR 17) – Ergonomia, datada de 1978 (Lauar, 2012). Contudo, estabelecer uma perfeita iluminação é uma missão difícil, pois, no tocante à quantidade, é preciso viabilizar, mediante um preciso grau de luminosidade, a adequada percepção dos itens que integram a atividade do colaborador. Entretanto, os limites impostos à luminosidade são extensos, ou seja, ela pode causar até mesmo um incômodo por repercutir muito brilho no objeto.

No que diz respeito à qualidade, Lauar (2012) afirma:

> são usados conjuntos de atributos (ou de sua negação), alguns qualificáveis, como a distribuição homogênea (que pode ser medida por um coeficiente de uniformidade), a cor (medida pela temperatura de cor da luz) e o índice de reprodução de cor; outros são de quantificação mais difícil, como a ausência de ofuscamento, reflexos incômodos, sombras e contrastes excessivos.

Como integrante do binômio funcionário-local de trabalho, o ajustamento da iluminação à tarefa e ao indivíduo que a executa é escopo de investigação da ergonomia. Nesse contexto, essa ciência tem procurado juntar esforços com outros campos, por meio de uma discussão interdisciplinar, a fim de criar e conformar conjunturas adequadas de comodidade na iluminação. Nesse contexto, contribuem para isso: o profissional de arquitetura, que analisa os parâmetros arquitetônicos em condições físicas, metodológicas e utilitárias; o designer, que se preocupa com o produto; o psicólogo, responsável por analisar a interação dos colaboradores com o ambiente; o projetista do trabalho, que orienta o vínculo do colaborador com os itens que fazem parte de suas atividades, evitando que atuem de forma isolada e recomendando um alinhamento entre o indivíduo, a essência do trabalho e as necessidades para a realização dos serviços (Lauar, 2012).

Na concepção de Pais (2011), é importante diagnosticar as ocorrências prejudiciais a fim de que sejam feitas as devidas correções, vislumbrando a qualidade das condições de trabalho e a garantia da saúde do trabalhador. Sabemos que, dessa maneira, o trabalhador e a empresa podem ser beneficiados uma vez que o funcionário tem maiores probabilidades de desempenhar suas funções satisfatoriamente. A organização ganha com a produtividade expressiva de funcionários satisfeitos. Régis Filho (2002) aponta que, em um ambiente laboral com má iluminação, é solicitado um maior empenho da vista do trabalhador. As implicações instantâneas à visão ligadas a essa dificuldade podem ocasionar cefaleia e fadiga visual. Assim, caso o trabalhador permaneça nesse local por muito tempo, sua visão pode ser seriamente afetada, o que prejudica sua vida profissional e pessoal.

A fadiga visual é causada basicamente pelo esforço dos menores músculos vinculados aos globos oculares, dirigentes das mobilizações, estabilizações e focalizações da visão. Após esforços repetitivos das funções visuais, os olhos vivenciam uma exaustão. De acordo com Lauar (2012), alguns indícios de fadiga visual são:

- ardor acompanhado de lacrimejamento, vermelhão e processos inflamatórios;
- cefaleia;
- diminuição da potência de acomodação;
- visão dupla;
- perda da acuidade.

Esses sintomas repercutem no trabalho por meio da redução de produtividade, ampliação de falhas e acidentes e perda da qualidade no que está sendo executado. Tendo isso em vista, a ergonomia deve elaborar planejamentos apropriados e que garantam boa iluminação. Para Iida (2005), o planejamento da iluminação no ambiente de trabalho precisa ser minuciosamente analisado desde as fases iniciais do projeto de edificação, explorando a luminosidade natural e complementando-a com a artificial, quando necessário. O autor indica que a luminosidade proveniente do sol, além de contar com uma ótima qualidade, propicia menor gasto com energia elétrica. No entanto, a propagação direta da luz do sol deve ser evitada, já que acarreta desconforto visual e, quando reflete em parede de vidro, impacta o meio ambiente, ocasionando o efeito estufa.

Em defesa de um uso mais intenso da luz natural, Iida (2005) argumenta que, além de contribuir para a visão, ela gera significativos resultados no organismo dos seres vivos. A vitamina D é substanciada graças à ação dos raios ultravioletas provenientes do sol e empregada no metabolismo do cálcio. Sua carência pode ocasionar o desgaste dos ossos, especialmente em indivíduos com faixa etária de até 12 anos. Essa situação torna-se mais preocupante quando consideradas as populações que vivem em lugares de clima temperado, pois manifestam baixa taxa de captação de cálcio no período de inverno. Ainda, nessas regiões, percebe-se maior repercussão de condições depressivas, atribuídas pela intensificação do sono, aumento do apetite, ansiedade, falta de ânimo para resolver problemas interpessoais e sociais. O tratamento dessas dificuldades foi realizado por meio da fototerapia, ou seja, os pacientes tiveram seus dias prolongados em até 6 horas.

Assim, segundo Iida (2005), pesquisas recentes constataram que a luminosidade proveniente do sol gera resultados terapêuticos vantajosos. O autor relata que teve conhecimento de pacientes em recuperação de pós-operatório nos Estados Unidos que estavam internados em dois tipos de alas hospitalares, uma com somente a vista interna do quarto e a outra com uma vista externa, onde incendia luz do sol e era possível ver uma grande extensão de área verde. O resultado observado aponta que os pacientes que tinham a possibilidade de ver o externo expressavam baixa frequência de reclamações, precisavam de menor quantidade de medicamentos e tinham alta em tempo menor àqueles desprovidos da luz solar e da vista externa. Há certo tempo já se sabe da relação entre a luz do sol e a regularização das atividades periódicas de animais, tais como procriação e movimentos migratórios. Estudos atuais evidenciaram que a luz solar também pode interferir no temperamento e na conduta dos indivíduos.

A iluminação do ambiente é estabelecida não somente pela intensidade da fonte, mas também pelo distanciamento e pelo grau de refletividade das paredes, bem como dos demais componentes dispostos no espaço. Uma organização conveniente da luminosidade, defende Iida (2005), deve ponderar a respeito das cores e dos contrastes a fim de conceber uma fábrica ou um escritório harmoniosos, onde os colaboradores executem suas atividades de forma agradável e com pouco esforço, aborrecimento e/ou acidente, fornecendo, assim, melhores resultados.

Ainda, cabe mencionar os tipos de lâmpadas. As incandescentes apresentam um filamento de tungstênio e exibem um espectro constante. Contudo, ao serem comparadas com a luz solar, que também tem essa característica de uniformidade de espectro, as lâmpadas incandescentes não variam sua intensidade. Os demais tipos de lâmpadas têm um espectro intermitente, com descarregamentos em determinadas partes do comprimento de onda eletromagnética. Para que as lâmpadas portem maior eficácia, faz-se necessário dispor esses descarregamentos nos segmentos de maior sensibilidade do olho. Além disso, determinadas lâmpadas apresentam alternâncias desconfortáveis, acendendo e apagando periodicamente. As lâmpadas que contam com um filamento de tungstênio alternam em igual frequência da corrente cíclica da rede de eletricidade. Aproximadamente 6% das pessoas, grande parte do sexo feminino, demonstram fragilidade a essas alternâncias, reclamando de dores de cabeça. Outro problema dessas lâmpadas intermitentes é o efeito estroboscópio, com motores, ventiladores e partes móveis de equipamentos. Caso a velocidade desses equipamentos coincidam com a frequência das lâmpadas, pode-se produzir uma imagem estática, aumentando os riscos de acidentes (Iida, 2005).

Resumidamente, as sugestões quanto à iluminação em locais de trabalho são:

- Sempre que possível, utilizar a luminosidade natural, atentando-se para o reflexo da luz do sol sobre as áreas envidraçadas.
- As janelas precisam estar na altura das bancadas e mesas.
- Não é aconselhável que o distanciamento entre a janela e o local da execução das atividades de trabalho seja maior do que duas vezes o tamanho da altura da janela, a fim de que haja beneficiamento da luz solar.
- É recomendável a máxima redução do ofuscamento.
- No caso de locais que necessitem de maiores exatidões, disponibilizar um foco de luminosidade complementar.
- De preferência, utilizar cores mais claras em grande parte do ambiente.

A claridade de um local bem-iluminado estimula a pupila a ficar fechada, deixando-a mais protegida e contribuindo para a visibilidade (Figura 3.3). Dessa maneira, caso o indivíduo esteja em frente ao computador, mas tenha luz de uma luminária, por exemplo, incidindo (contando que esse foco de luz não esteja voltado diretamente para os olhos), a claridade do computador se torna menos prejudicial. Na verdade, permanecer com as janelas abertas e as lâmpadas acesas são medidas que auxiliam a conceber um espaço mais saudável para a visão.

Figura 3.3 – **Reflexo da pupila a depender da incidência de luz**

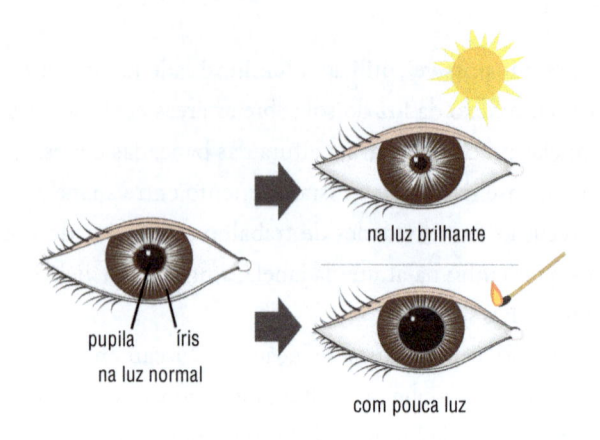

na luz brilhante

pupila   íris
na luz normal

com pouca luz

Soleil Nordic/Shutterstock

3.3 Ofuscamento

O ofuscamento é uma diminuição da eficácia da visão que ocorre quando há, no campo visual, um elemento ou uma superfície de maior iluminância, fazendo os olhos não se adaptarem. A retina tem a capacidade de se ajustar a diversos graus de iluminância, mas os contrates precisam ser pequenos. Dessa maneira, se não existir a possibilidade de excluir ou tampar a fonte de luminosidade, pode-se ampliar o grau de iluminação no local a fim de minimizar o contrataste, pois, quanto mais escuro o ambiente, maior é a fragilidade dos olhos e maior o ofuscamento (Iida, 2005). O ofuscamento é gerado por: luz solar, através das janelas; determinadas lâmpadas; reflexos em superfícies com nível alto de polimento e faróis de automóveis quando em direção oposta, durante a noite.

Figura 3.4 – **Carro com farol alto**

trambler58/Shutterstock

Há diversos graus de ofuscamento, desde a falta de conforto até a incapacidade visual. O primeiro, segundo Iida (2005), é originado pela existência de sinais luminosos discretos no campo visual, que tiram a atenção e contribuem para o esforço da visão, porém sem comprometer drasticamente seu desempenho. Essa falta de conforto é ocasionada pelo trabalho do músculo responsável pela abertura da íris, visto que, quando existe um objeto radiante em evidência em um local escuro, há repercussões opostas entre os músculos que tencionam fechar a íris (ajustamento à claridade), redundando em esforço, estresse e desatenção. Isso acontece em locais internos com iluminação malplanejada ou quando se assiste à televisão em um ambiente escuro.

Os casos mais graves de ofuscamento ocorrem no instante em que uma luz extremamente intensa se manifesta no campo visual, podendo gerar uma "cegueira" instantânea. Essa intercorrência pode durar alguns segundos, ainda que a fonte luminosa seja ocultada e/ou afastada. Os indivíduos com idades avançadas são mais frágeis a esse tipo de ofuscamento. Existe, ainda, a possiblidade de ofuscamentos de duas categorias: os **diretos** apontam para a existência de uma fonte brilhosa no campo visual e, para impedir esse tipo de ofuscamento, é necessário retirar a fonte do campo de visão ou fixar uma barreira entre essa fonte e os olhos; os **indiretos** são acarretados por reflexos e podem ser evitados com a mudança de lugar de certos objetos lisos ou polimento de alguns itens para que fiquem com características opacas (Iida, 2005).

Assim, a solução mais eficiente para interromper o ofuscamento é retirar a fonte brilhosa do campo visual, mas, quando a fonte, por exemplo, for uma grande janela que certamente reflete a luz do sol, existe a possibilidade de mudar a posição do funcionário. O problema também pode ser minimizado com o ajuste apropriado entre a iluminação direta e indireta. A claridade direta, segundo Iida (2005), reflete sobre a atividade e é utilizada para aperfeiçoar o contraste, porém corre-se o risco de haver algum tipo de sombreamento. A luminosidade indireta é espelhada no teto, nas paredes e nas demais faces exteriores e contribui para a realização de mudanças tênues, bem como viabiliza a diminuição do sombreamento.

Vale ressaltar que nenhuma lâmpada pode permanecer "nua" no campo visual. As luminárias precisam estar em um posicionamento de modo que a luz não reflita em direção aos olhos. Tratando-se de lâmpadas fluorescentes, é recomendável dispô-las paralelamente ao direcionamento da visão. De modo geral, recomenda-se fixar um número maior de lâmpadas de baixa potência no lugar de diminuir a quantidade de lâmpadas de alta potência (Iida, 2005).

Quanto aos aspectos psicológicos da iluminação, a ampliação da luminosidade intensifica o contentamento do ser humano, e pode atingir um nível considerado ótimo. Acima disso, é bem provável que ocorra esforço visual e/ou ofuscamento, não mais contribuindo para o bem-estar do indivíduo. A luminosidade constante causa tédio, já as alterações têm características impulsivas, como é o caso da luz solar, uma vez que manifesta alterações no decorrer do dia não somente na sua potência, mas também na constituição espectral. Isso acarreta constantes modificações da paisagem, com distintos graus de iluminamentos. Assim, vários indivíduos preferem desenvolver suas atividades de trabalho próximos à janela, justamente por estar mais conectados com o "mundo exterior", que propicia um abrandamento visual e auxilia a psique humana. Há quem diga que a luz do sol é mais saudável do que a luminosidade artificial (Iida, 2005). Contudo, cabe considerar que as janelas são fonte de calor e o reflexo dessa luz pode provocar ofuscamentos e reflexos em equipamentos providos de telas ou outros tipos de faces exteriores refletivas. Para que isso não aconteça, faz-se necessário um planejamento apropriado das edificações e instalações de equipamentos.

Lauar (2012) salienta que, com o progresso da informática e o surgimento da fotografia digital, hoje em dia existem procedimentos que permitem mensurar graus de ofuscamento sem nenhuma dificuldade. Isso é certificado pela incorporação dessa variante na normatização de iluminação de locais de trabalho da União Europeia, com início em 2003.

Segundo Ribeiro, Rodrigues e Faria (2018, p. 2),

A exposição a ofuscamentos reflexivos decorrentes da interação da iluminação do ambiente com a interface de dispositivos digitais como monitores de computadores, tablets e smartphones, entre outros é muito frequente. Por sua vez, as interações humanas com interfaces digitais também são muito frequentes no cotidiano contemporâneo para a execução de diversos tipos de atividades. Também é comum que essas interações ocorreram continuamente por períodos prolongados.

Os efeitos da exposição ao ofuscamento refletido em interfaces digitais são tópicos de pesquisa de interesse de diversas áreas do conhecimento. Em ergonomia, destacam-se as abordagens de pesquisa sobre o desempenho e conforto visual, a saúde ocular e a postura corporal.

PARA SABER MAIS

Caso tenha interesse na temática sobre iluminância, recomendamos a leitura da seguinte monografia:

TONON, C. R. **Verificação do nível de iluminância no posto de trabalho**: estudo de caso em salas de aula. Monografia (Especialização em Engenharia e Segurança do Trabalho) – Universidade Tecnológica Federal do Paraná, 2018 Disponível em: <https://repositorio.utfpr.edu.br/jspui/bitstream/1/23385/1/verificacaoniveliluminancia postotrabalho.pdf>. Acesso em: 12 maio 2021.

Capítulo 4

PERCEPÇÃO E ORGANIZAÇÃO DE INFORMAÇÕES

Certamente, você já ouviu falar de sensação e de percepção, mas talvez não saiba o que constitui, de fato, cada um desses elementos. Conforme Ries e Rodrigues (2004), o estudo da percepção é um dos mais antigos tópicos da psicologia, emaranhando-se com os princípios gerais da psicologia como forma de conhecimento. A sensação e a percepção são organizações biológicas e psicológicas diferentes que interferem na forma de pensar o real, uma vez que toda a compreensão é criada pelo indivíduo e está relacionada com uma imaginação particular. Ainda, a percepção consiste em um dos fatos da psique mais enigmático. Ela não pode ser minimizada a um procedimento simplesmente físico, uma vez que também apresenta interferências culturais, que dizem respeito às aprendizagens já consumadas de um indivíduo em determinado tempo e em convivência com determinada comunidade. Assim, a percepção compreende diversas sensações que se relacionam com os cinco sentidos de cada indivíduo. Mediante *percept*, espécie de mapa mental, o ser humano reconhece seus objetivos e pode orientá-los em conformidade com sua percepção.

PARA SABER MAIS

William James (1842-1910), um dos fundadores da psicologia moderna e defensor da filosofia do pragmatismo, perspectiva influente nos Estados Unidos em meados do século XX, publicou, em 1890, uma obra-prima dos estudos que integram fisiologia, psicologia, filosofia e reflexões de cunho pessoal – *The Principles of Psychology* (1890). Entre outros assuntos, o autor discute a diferença entre percepção e sensação, os diversos tipos de ilusões perceptivas, processos fisiológicos da percepção e da alucinação. Para aqueles que dominam a leitura em língua inglesa, recomendamos essa obra (infelizmente, ainda não há tradução para o português).

JAMES, W. **The Principles of Psychology**. New York: Cosimo Classics, 2007.

O entendimento emotivo, no entendimento de Oliveira (2012), pode ser denominado *discernimento empírico* ou *vivência emotiva* e é mediado pela sensação e pela percepção. Na concepção filosófica, existem dois pontos de vista que vêm sendo admitidos para elucidar a maneira como a percepção intervém na compreensão – pelos vieses empírico ou racional. O empirismo concebe que somente as vivências (no nível da experiência, das sensações empíricas) podem levar ao entendimento. Já o racionalismo admite que a mente do ser humano é a única fonte de compreensão e discernimento do mundo, ou seja, somente a razão alcança a veracidade, não as experiências.

Segundo Silva et al. (2011), cada pessoa sente o ambiente de maneira distinta, ainda que os cinco sentidos sejam semelhantes entre os indivíduos. Assim, uma sensação pode produzir diversas percepções em sujeitos diferentes, ocasionando decisões também distintas. Logo, a compreensão está relacionada com o sentimento. Por exemplo, dois irmãos, nascidos dos mesmos pais, com a mesma criação, inseridos, desde crianças, em um mesmo ambiente religioso, escolhem seguir, depois de certa idade, religiões diferentes justamente por suas convicções religiosas divergirem. Ries e Rodrigues (2004) apontam que a percepção está intrinsicamente conectada ao sistema e ao desempenho da individualidade de uma pessoa. Por esse motivo, os indivíduos não enxergam os objetos em si, mas como eles se mostram a cada um, ou seja, o sujeito se projeta no objeto. Os autores admitem a possibilidade de alguns fatores externos modificarem a sensação e isso atua na percepção de alguns elementos. A ordem de representação do universo, na maioria das vezes, está atrelada a como se entende as coisas que o compõem. A percepção é um ato imprescindível ao sistema intelectual, que procura, por meio dos sentidos, interagir com o universo, ainda que o indivíduo duvide dessa compreensão emanada de seus sentidos, ou seja, ainda que não esteja clara a configuração desses objetos percebidos.

A sensação e a percepção são fases de um fato análogo, em que, após absorvido um impulso do ambiente, ele é convertido em entendimento. Logo, a percepção corresponde a um conjunto de sensações organizadas pela mente e captadas pelos sentidos (Iida, 2005). Por isso, a percepção relaciona-se com a compreensão do ambiente, pois as sensações adentram, de certa forma, a mente do ser humano.

O conhecimento, destino da informação, é organizado em estruturas mentais por meio das quais um sujeito **assimila** a "coisa" informação. Conhecer é um ato de interpretação individual, uma apropriação do objeto informação pelas estruturas mentais de cada sujeito. Acredita-se que estruturas mentais não são pré-formatadas, com intuito de serem programadas nos genes. As estruturas mentais são construídas pelo sujeito sensível, que percebe o meio. A geração de conhecimento é uma reconstrução das estruturas mentais do indivíduo realizado por meio de suas competências cognitivas, ou seja, é uma modificação em seu estoque mental de saber acumulado, resultante de uma interação com uma forma de informação. Essa reconstrução pode alterar o estado de conhecimento do indivíduo, ou porque aumenta seu estoque de saber acumulado, ou porque sedimenta saber já estocado, ou porque reformula saber anteriormente estocado. No entanto [...], esta é mais uma aventura do olhar, do que uma maneira de questionar o objeto em si. (Barreto, 2002, p. 72, grifo do original)

Assim, cada indivíduo sente de forma diferente o meio em que está inserido, mesmo que os sentidos sejam intrínsecos ao corpo humano e compartilhados com outros sujeitos. Desse modo, a sensação é relativa ao processo biológico de captação de energia ambiental, em que essa energia é retida pelas células nervosas dos órgãos sensoriais, sob a forma de calor, luz, movimento, pressão, partículas químicas etc. Por fim, essa energia recebida se converte em impulso eletroquímico, que é transmitido ao sistema nervoso central (SNC), onde poderá ou não ser processado.

Iida (2005) alerta que, para que haja sensação, é necessário que a energia ambiental, que estimula as células nervosas, esteja inscrita em certo limite, conhecido por *limiar*. Quanto maior for o estímulo, mais facilmente ele será detectado e mais rápidas serão as respostas. No entanto, existe um limite superior, uma vez que os impulsos captados pela sensação são transmitidos, de forma individualizada, a uma área específica do SNC – afinal, a parte do cérebro que processa impulsos visuais não processará impulsos auditivos ou olfativos e assim por diante.

Conforme Oliveira (2012, p. 34), é a sensação que permite ao ser humano experimentar os atributos externos dos elementos. Isso quer dizer que a sensação e a percepção são dependentes de coisas exteriores e geradas "por estímulos que agem sobre nossos sentidos e sobre nosso sistema nervoso até chegar aos nossos sentidos na forma de uma sensação (uma cor, um sabor, um odor), ou de uma associação de sensações numa percepção (vejo um objeto verde, sinto o sabor de uma fruta, sinto o cheiro de uma rosa".

Figura 4.1 – **Os cinco sentidos do corpo humano**

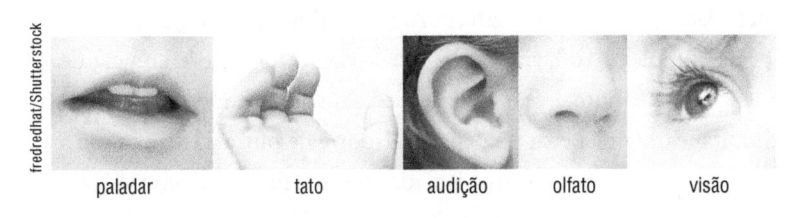

paladar   tato   audição   olfato   visão

Oliveira (2012) enfatiza que as pessoas também sentem as características internas (físicas e psíquicas) decorrentes da conexão direta da sensação e da percepção com os sentimentos, podendo ser de alegria ou tristeza, dor ou prazer etc. A vivência emotiva, portanto, está ligada aos aspectos encontrados no objeto externo, que são convertidos em emoção interna, corpórea. A sensação é assimilada como uma ação instantânea do corpo a um impulso externo, sem diferenciar, na prática, o impulso externo e o interno. Essa diferenciação somente pode ser averiguada em estudos laboratoriais, por meio de investigação do sistema nervoso do indivíduo.

Ao observarmos a sensação, é fácil identificar que nenhuma pessoa diz "estou sentindo o quente" ou "consigo ver o azul" ou, ainda, "vou engolir o amargo", mas declaram que o café está quente, que azul é a cor do céu e que determinado tipo de medicamento é amargo, porque esses termos expõem sensações concebidas pelo ser humano. É claro que as sensações vão muito além do que se pode ver, muitas vezes o sujeito considera que algo seja doce simplesmente ao visualizar certo alimento, mas, ao prová-lo, pode experimentar uma sensação diversa. O fato é que o indivíduo não deduz somente um atributo do objeto. Um exemplo poderia ser um suco de laranja; ele tem certa temperatura, determinada coloração e um gosto específico, ou seja, diversas de suas particularidades estão implicadas na percepção desse suco. Assim, a pessoa constata, portanto, vários aspectos e os sente de forma completa. Todavia, ainda que o sujeito tenha a referência de apenas um atributo – café quente, céu azul, medicamento amargo – simultaneamente a essa percepção disporia de outras. Isso porque a sensação não ocorre de forma isolada, mas mediante percepções, isto é, por meio de um conjunto de impressões. Com isso, é razoável admitir que a percepção é uma fusão intuitiva de sensações coincidentes.

Jou (2006) assevera que tudo o que é visto pelos olhos é compreendido e se torna inesquecível como uma vivência. Entretanto, algumas vezes, o sujeito capta sentidos que fogem à visão, o que só pode ser entendido pela enigmática rede de conexões dos procedimentos intelectuais, como concentração, percepção e recordação.

Oliveira (2012) enfatiza que a percepção corresponde a etapas iniciais executadas pelos processos sensoriais, encarregados por seu estágio analítico. É como se cada aspecto fosse dividido em partes peculiares, incluindo a cor, a locomoção, o cheiro etc. Entretanto, o universo é uma soma, um todo, não sendo percebido como um aglomerado de sensações fragmentadas, o que viabiliza um tipo de percepção sintética, não apenas analítica. Desse modo, faz-se necessário investigar como a percepção, definição rigorosamente subjetiva, conecta-se ao cérebro (esse tema, vale dizer, é largamente pesquisado pela neurociência cognitiva).

As funções cognitivas podem ser divididas em:

- **Percepção** – É a base para a construção de todo o conhecimento do indivíduo com relação ao mundo externo e interno, por meio dos sentidos.

- **Atenção** – Consiste no funcionamento das diversas estruturas corticais e subcorticais, atuando em conjunto com os sistemas de redes neurais, que formam a anatomia neural da atenção. O estado de alerta dá início à recepção de estímulos advindos dos órgãos sensoriais.
- **Memória** – Corresponde a um sistema mais complexo, composto de três tipos de memória: (1) imediata, (2) de curta e (3) de longa duração.
- **Inteligência** – É a capacidade cognitiva de cada indivíduo.
- **Linguagem** – Trata-se de um processo complexo responsável pelo desenvolvimento de estruturas específicas atreladas à comunicação. O hemisfério esquerdo do cérebro é responsável pela articulação e pela compreensão da linguagem, bem como pelo reconhecimento da palavra.

Iida (2005) defende que a percepção é o resultado do processo de estímulo sensorial, ao qual é atribuído um significado. Tais estímulos, após recebidos, são organizados e integrados em informações significativas sobre objetos e ambientes. Durante esse curso, as informações armazenadas na memória são utilizadas e transformadas em sensações significativas, conforme o sistema de relações e julgamentos de cada sujeito. Assim, sendo a sensação um fenômeno essencialmente biológico, a percepção abrange todo o processo. Sob essa ótica, a percepção tem relação com o recebimento e o reconhecimento de uma informação que é comparada com outra já armazenada na memória. A percepção depende, portanto, de experiências anteriores conjugadas a fatores individuais, como personalidade, nível de atenção, expectativa. O desenvolvimento da percepção acontece em duas fases, segundo Andreoli, Veloso e Batista (2013), quais sejam:

1. Reconhecimento de algo no ambiente que tenha sido notado pelo indivíduo. Essa ação acontece de forma espontânea e é denominada *pré-atenção*. Nesse estágio, são identificados somente os aspectos gerais do objeto. Determinados atributos específicos podem provocar maior curiosidade, sinalizando que precisam ser pesquisados minuciosamente. Isso acontece, por exemplo, com colorações evidentes, formatos atrativos, movimentações inusitadas, entre outros.
2. Ação minuciosa associada continuamente à atenção com o propósito de realizar uma varredura mais prolongada e peculiar do ambiente, demandando, para tanto, mecanismos cognitivos consideráveis.

Por exemplo, no instante em que o indivíduo inicia uma atividade de leitura, seu processo cognitivo passa a filtrar a ideia mais importante a fim de entender o texto. Entretanto, vários outros impulsos visuais, auditivos e táteis estão acontecendo ao mesmo tempo no local em que esse indivíduo se encontra e precisam ser extintos ou amenizados para que a pessoa consiga se manter concentrada no exercício de leitura. Esse episódio é denominado ***atenção seletiva***.

A atenção seletiva corresponde ao momento em que o indivíduo foca sua atenção em certos estímulos, em detrimento de outros. Nesses casos, os estímulos que se destacam são aqueles mais salientes e, por causa desse fato, demandam mais atenção que os neutros. Exemplificando, os estímulos relacionados à alimentação são salientes para a maioria dos seres humanos, tendo em vista que se trata de um estímulo básico para a sobrevivência, e têm como característica um aspecto de reforço primário. A atenção seletiva ocorre quando o foco da atenção está direcionado a uma escolha individual, em que há um esforço maior de constatação, organização e recordação. Isso diminui a probabilidade de captar e pensar sobre outros estímulos. A predisposição da mente em operar de forma ativa no ambiente, na construção e na desconstrução do universo, pertence aos princípios da psicologia cognitiva.

Figura 4.2 – **Ferramenta de psicoterapia: pensamentos criam realidades**

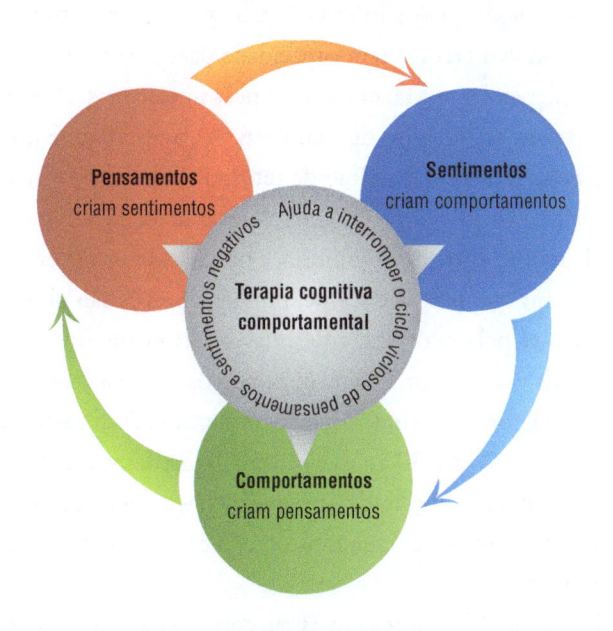

Pensamentos criam sentimentos

Sentimentos criam comportamentos

Comportamentos criam pensamentos

Terapia cognitiva comportamental — Ajuda a interromper o ciclo vicioso de pensamentos e sentimentos negativos

Na perspectiva do cognitivismo, o ser humano reinventa-se em cada atuação. Essa característica da atividade mental, quando analisada, apresenta várias inferências usuais, a exemplo do processo cognitivo da atenção.

Sisto et al. (2010) explicam que a atenção está ligada às modificações orgânicas ocorridas com o passar dos anos e é influenciada pelos relacionamentos interpessoais. A princípio, o desenvolvimento neurológico experimentado na fase infantil diz respeito à ampliação sucessiva da eficácia atencional até se completar 12 anos, já que desde o nascimento até os 4 anos prevalecem os sistemas mecânicos. Mesmo que aos 3 anos a criança realize escolhas de impulsos em um tempo maior, somente por volta dos 7 anos o sistema de atenção influencia as organizações internas, como a tática de rastreio seletivo. Aos 10 anos, a criança tem capacidade para focar o interesse de maneira independente e fazer uso de táticas intelectuais. O intervalo de tempo para algum tipo de manifestação, a aptidão de observação, a concentração e o domínio de retornos impulsivos tornam-se mais satisfatórios até atingir 12 anos. Após essa idade, mesmo que o tempo de reflexo entre em equilíbrio, a precisão continua evoluindo. Tanto é assim que táticas de procura mais eficazes são alcançadas, especialmente pela ocorrência de inter-relacionamentos, como o transcurso da vida escolar. Assim, dispondo de técnicas mais eficazes, a atenção melhora até o indivíduo se tornar um adulto, alcançando seu ápice entre os 18 e 30 anos, e reduzindo gradativamente com o envelhecimento. A redução da eficiência atencional está atrelada às transformações no funcionamento do cérebro e a particularidades da própria vitalidade.

Falhas nas aptidões intelectuais são corriqueiras com o passar do tempo, entre elas a atenção, mas essa não é uma regra geral; há pessoas com idade avançada e que dispõem de boa saúde física e mental.

4.1 Memória

Grosso modo, a memória corresponde ao ato de conservar ideias e/ou informações sobre acontecimentos experienciados. Normalmente, a memória está associada à aprendizagem, visto que aprender sugere adquirir e reter novas informações.

No que tange à memória sensorial, Mourão Júnior e Faria (2015) informam que esse tipo de memória está diretamente ligada aos sentidos, reagindo, portanto, aos estímulos visuais, auditivos, gustativos, olfativos, táteis e proprioceptivo. A memória sensorial tem curtíssima duração, caso o estímulo não seja recuperado. Se comparada à memória de trabalho, a memória sensorial apresenta capacidade relativamente grande, o que significa que ela registra mais estímulos, mas o ser humano não consegue recuperar todos eles, pois a evocação da informação é realizada pela memória de trabalho, que tem capacidade reduzida em relação à memória sensorial.

Mourão Júnior e Faria (2015) esclarecem que a memória corresponde a uma aptidão para atrair, guardar e evocar ideias. Ela é um dos principais recursos psicológicos, uma vez que ajuda a constituir a personalidade do indivíduo e a orientá-lo em seu cotidiano, em maior ou menor grau. Ademais, está associada a outras atribuições corticais igualmente relevantes, como a função executiva e o processo de aprender. Para os autores, mesmo que de maneira imperceptível, o indivíduo utiliza esse processo intelectual continuamente. Por exemplo, quando o sujeito entra em seu automóvel para ir até o local de seu trabalho, precisa certamente recordar para onde está indo. A lembrança abrange especificamente a memória, eis o porquê de o sujeito saber que tem um emprego e da necessidade de se dirigir até lá.

Mesmo que a neurociência tenha tido muitos avanços, ainda não se sabe ao certo de que modo as memórias são retidas; ainda é uma incógnita como potenciais elétricos e sinais biológicos e químicos estão conectados às imagens na mente do ser humano. Atualmente, o que se tem conhecimento, segundo Mourão Júnior e Faria (2015), é que as ideias que aparecem no cérebro do sujeito consistem em um circuito de células nervosas; assim, a informação aciona uma cadeia de neurônios, que, ao ganhar força, retém essa informação. Desse modo, acredita-se que a repetição é uma técnica imprescindível para a memorização. Ilustrando, o número do telefone é uma informação solicitada do indivíduo com certa frequência; por isso, é repetida diversas vezes e em situações distintas, tendo de ser rememorada. Logo, quando o cérebro tem de reprisar uma informação, os impulsos acionam a mesma rede de células nervosas e o acionamento frequente fortalece essa rede e facilita a próxima lembrança da informação guardada.

O processo de armazenamento é composto de três subprocessos, sendo:

1. **Obtenção** – Corresponde ao momento em que a ideia chega através do sistema nervoso.
2. **Fusão** – Consiste na retenção da informação.
3. **Recordação** – É o *feedback* instintivo das ideias guardadas.

Iida (2005) menciona que, no processo de memorização, as informações do ambiente são captadas, interpretadas, filtradas e armazenadas de acordo com três níveis de processamento, quais sejam:

1. Sensação e percepção.
2. Memória de curta duração.
3. Memória de longa duração.

Segundo Iida (2005, p. 260-261, grifo do original),

A memória de curta duração (MDC), também chamada de memória de trabalho ou de curto prazo, retém as informações por períodos extremamente curtos, de 5 a 30 segundos, ao cabo dos quais, são completamente esquecidas, na maior parte das vezes [...].

A memória de curta duração está associada a circuitos autorregenerativos de neurônios que se **ligam e desligam** rapidamente [...].

A memória de longa duração (MLD) ou de longo prazo é aquela que retém informações por um tempo maior. Ela está associada a modificações na **estrutura** da célula nervosa, de caráter mais duradouro (e não a circuitos que se ligam e desligam). Comparando-se com a MCD, a MLD tem uma capacidade grande de armazenamento.

Quadro 4.2 – **Diferença entre memória de curto e longo prazo**

Características	Memória de curta duração	Memória de longa duração
Capacidade de armazenamento	7 ± 2 itens	Grande
Período de retenção	5 a 30 s	Muitos anos
Forma de codificação	Fonética	Semântica
Desaparecimento de informação	Concorrência de outros sinais	Dificuldade de relembrar

Fonte: Iida, 2005. p. 261.

A memória declarativa tem referências de natureza "estática", ao passo que a operacional domina o fazer. Conforme Mourão Júnior e Faria (2015), ficam na memória declarativa os registros dos eventos da infância, as imagens de lugares visitados, a aprendizagem desenvolvida nos primeiros anos da vida escolar. A memória declarativa impacta o modo de o indivíduo enxergar o universo e de tomar decisões. Nessa linha de raciocínio, Mourão Júnior e Faria (2015, p. 786) acrescentam:

> Passar por uma situação extremamente desagradável em determinado lugar nos leva a perceber de maneira negativa este mesmo lugar. E, provavelmente, quando formos escolher um local para ir, decidiremos visitar algum lugar diferente. Essa característica tem um importante papel adaptativo, pois pode nos livrar de situações de perigo semelhantes a alguma experiência anterior.

A memória declarativa pode ser dividida em dois subtipos que interagem em partes distintas do cérebro humano:

1. **Memória de episódios** – Registra a autobiografia do indivíduo.
2. **Memória semântica** – Armazena os fatos sem se preocupar com o tempo e o espaço reais.

Outra função ajustada pela memória declarativa corresponde ao esquecimento e à eliminação. Para Mourão Júnior e Faria (2015), a relevância dos dois processos é evidente e está ligada à moderação de sinapses e à melhoria no preenchimento de locais do córtex do cérebro com ideias.

Figura 4.3 – **Áreas funcionais do córtex cerebral**

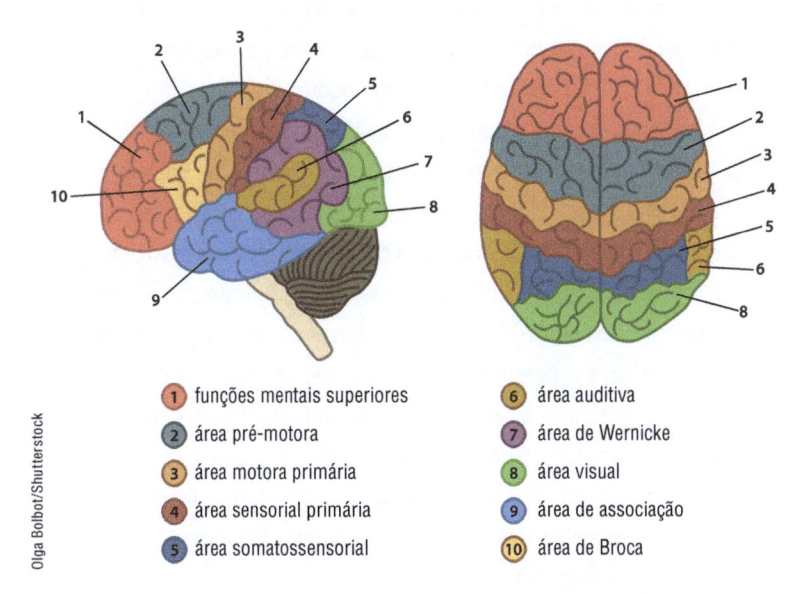

- (1) funções mentais superiores
- (2) área pré-motora
- (3) área motora primária
- (4) área sensorial primária
- (5) área somatossensorial
- (6) área auditiva
- (7) área de Wernicke
- (8) área visual
- (9) área de associação
- (10) área de Broca

Olga Bolbot/Shutterstock

Tão fundamental quanto a capacidade de memorizar é a de esquecer. O esquecimento ocorre porque as pessoas são bombardeadas com diversas incitações o tempo todo, várias delas, porém, não são fundamentais. Sendo assim, os indivíduos escolhem as ideias mais interessantes para memorizar. Conforme Iida (2005), o esquecimento consiste na incapacidade de resgatar as ideias memorizadas, e isso ocorre quando o armazenamento da informação foi realizado na "pasta incorreta". Nesse momento, torna-se impossível localizar a ideia exata, visto que a memória refere-se, inclusive, a algumas situações específicas.

CURIOSIDADE

De acordo com Alencar (2016), diversos testes já foram feitos para medir a influência da cafeína nos processos cerebrais, mas os resultados, até aqui, não eram animadores.

No entanto, um estudo publicado recentemente na revista *Nature*, liderado por cientistas da Universidade de Baltimore, provou que ingerir cafeína após um processo intenso de uso da memória pode ajudar a fixar recordações. No teste, os voluntários observavam uma série de imagens, precedidas por outras imagens muito semelhantes e, em um terceiro momento, algumas completamente diferentes. Após 24 horas, os voluntários precisaram rememorar a ordem em que as imagens foram exibidas e tiveram que determinar quais eram as corretas. As pessoas que haviam ingerido cafeína logo após a primeira exibição das imagens, tiveram aproveitamento 84% superior àquelas que não ingeriram a substância.

Mourão Júnior e Faria (2015), ao discutirem sobre a memória de trabalho, explicam que ela contraria um pouco o senso comum, não servindo apenas para armazenar informações, mas também, e principalmente, para localizar o indivíduo em seu contexto e gerenciar as informações que estão transitando no cérebro.

O termo *memória de trabalho* difundiu-se após o século XIX, mas foi empregado na literatura somente na década de 1960, o que indica que seu estudo é bastante recente, e talvez por isso ainda não haja um consenso sobre a definição desse conceito. Entretanto, há alguns pontos concordantes quanto às características da memória de trabalho, como sua duração ultrarrápida (de apenas poucos segundos) e sua capacidade limitada (retém apenas 5 a 9 itens). Logo, a duração da memória de trabalho é ultrarrápida, pois permite guardar uma informação apenas enquanto está em uso, ou seja, somente enquanto o trabalho está sendo executado ou certo comportamento é requerido (Mourão Júnior; Faria, 2015).

Por exemplo, é comum que, quando uma pessoa deseja encomendar uma *pizza*, busque o número do estabelecimento e consiga guardá-lo tempo suficiente para chegar ao telefone e discar para fazer o pedido; mas é provável que esqueça o número de telefone da pizzaria alguns minutos após ter discado. Assim, quando a informação temporariamente armazenada deixa de ser útil, o cérebro a descarta; por isso, é esquecida.

A memória de trabalho também entra em ação quando um sujeito conversa com outra pessoa e, para conseguir encadear as ideias a fim de que a conversa faça sentido, tem de lembrar, mesmo que temporariamente, da última e da penúltima palavra que foram ditas para que a frase e, posteriormente, a conversa sejam coerentes. Ao fim do diálogo, normalmente a pessoa esquece a maioria das palavras ditas, mas o conteúdo geral fica retido. Obviamente, pode acontecer de não se esquecer de certa informação; isso depende da motivação em armazenar determinado conteúdo. Portanto, caso seja de seu interesse, o indivíduo pode transformar alguma informação que seria de curto prazo em memória duradoura (Mourão Júnior; Faria, 2015).

Por fim, Carvalho (2015) recomenda algumas atitudes que potencialmente contribuem positivamente para a memorização, quais sejam: preservar a mente sã; realizar associações com imagens;

distribuir as ideias em diferentes locais no cérebro; praticar exercícios mentais; fazer atividades físicas; manter uma alimentação saudável; socializar com pessoas.

4.2 Tomada de decisão

O cérebro, semelhante a uma máquina de informações, não menciona, exatamente, ideias, mas transmite impulsos dotados de sentido (ou não) para o destinatário. Vários aspectos desses impulsos, como periodicidade, potência e permanência, podem ser relevantes para que estes sejam perfeitamente observados e analisados pelo receptor. A informação está, de fato, introduzida em todos os ambientes e se faz presente em todas as atividades dos indivíduos (sociais, científicas, tecnológicas, culturais, políticas e econômicas), admitindo um novo *status* e importância.

Nesse sentido, a tomada de decisão consiste em um processo cognitivo resultante da seleção de uma entre várias opções. A tomada de decisão corresponde a uma atividade exclusivamente individual relativa às informações recebidas e à resolução de problemas. Para tomar uma decisão, vários fatores exercem influência, como a sensação e a percepção.

Figura 4.4 – **Ciclo da tomada de decisão**

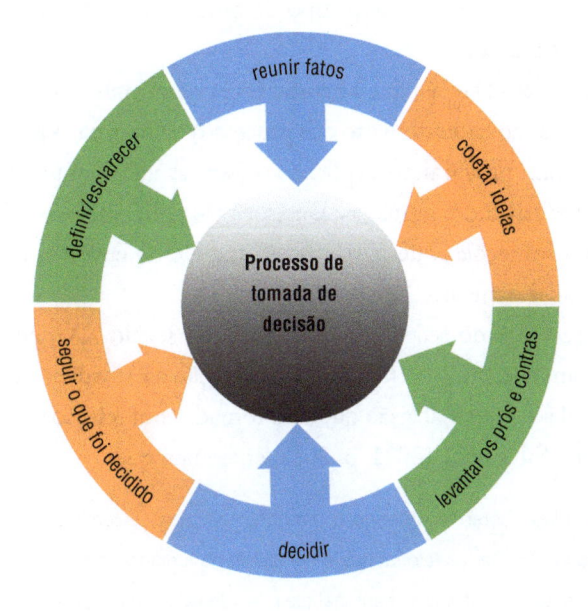

- reunir fatos
- coletar ideias
- levantar os prós e contras
- decidir
- seguir o que foi decidido
- definir/esclarecer

Processo de tomada de decisão

Keith Bell/Shutterstock

Para Torikachvili (2016), no desenrolar entre a sistematização da ideia e a tomada de decisão, o cérebro transita por vários caminhos. A princípio, todas as possibilidades são consideradas; em seguida, verifica-se a quantidade de informações, calculam-se os custos e os benefícios, realiza-se uma apuração das expectativas e suas possíveis repercussões e, por fim, toma-se uma decisão.

O ponto de ligação entre a decisão e a atitude é outro meio que gasta, no mínimo, um décimo de segundo. Decidir, ver, sentir ou ouvir são ações que já aconteceram, porém, a mente necessita de determinado tempo até organizar e transformar a ideia em atitude. A mente se inteira de que uma parcela das ações do cérebro funciona antecipadamente. É válido enfatizar que os seres humanos, desde seu nascimento, não têm nenhum tipo de problema de atraso em lidar com essa situação.

Corrêa (2011) relata que a neurociência vem ampliando pesquisas direcionadas ao entendimento dos processos neurais que são agentes das escolhas, procurando explicações para as ações implícitas aos propósitos e atitudes humanas. Decisões são preferências fundamentadas em intenções, que têm a possibilidade de envolver atitudes direcionadas a metas.

Entre o fim do século XX e o início do século XXI, pesquisas mostraram que, por intermédio da observação da atividade neuronal, é possível adiantar a decisão que será tomada com relação a determinado fato. Silva et al. (2011, p. 26) mencionam que:

> 'a atividade cerebral precede o momento em que se toma uma decisão'. Segundo Acuña, os fatores que influenciam na tomada de decisão estão representados na atividade neuronal e ele as identifica como: as lembranças, a situação atual, as expectativas, os valores ou o custo-benefício que geram.

Isso exige o desempenho harmônico do sistema nervoso na escolha e na avaliação de informações e impulsos aos quais o corpo humano está sujeito e necessita prioritariamente responder. Hoje em dia, há um esforço em se analisar a proporção do processo decisório quanto à motivação por condições do ambiente, com base na percepção racional dessa condição.

Figura 4.5 – **Tomada de decisão**

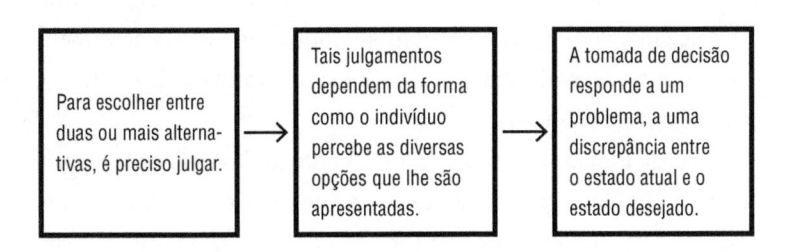

Para escolher entre duas ou mais alternativas, é preciso julgar.	→	Tais julgamentos dependem da forma como o indivíduo percebe as diversas opções que lhe são apresentadas.	→	A tomada de decisão responde a um problema, a uma discrepância entre o estado atual e o estado desejado.

Na concepção de Rocha (2016), a tomada de decisão não deve ser entendida como uma deliberação racional, mas como uma elaboração cognitiva. Segundo Oesterreich (2021), a pessoa que se vê em situação de tomar decisões tem de fazê-lo de forma coerente e, para tanto, precisa realizar escolhas inteligentes, com ampla valorização e respeitando determinados limites. Tais escolhas são feitas por meio de um **modelo de tomada de decisões racionais**, que se subdivide em seis etapas:

1. Estabelecer o problema.
2. Discernir os parâmetros de decisão.
3. Organizar esses parâmetros de acordo com sua prioridade.
4. Elaborar alternativas.
5. Analisar as alternativas elaboradas.
6. Escolher pela alternativa mais assertiva.

Assim, de acordo com a soma de ponderações de cada indivíduo, constitui-se uma totalidade de impulsos que podem ser acessados durante a tomada de decisão, mas, frequentemente, o acesso corresponde a somente uma parte desse conjunto de impulsos prontos.

Portanto, o processo de tomada de decisão na busca de uma solução e/ou melhoria tem relação com o ato de pensar, pois o pensamento consiste em diversos processos combinatórios entre ideias, sentimentos, conceitos, experiências, situações etc., de forma a direcionar o pensar a um caminho satisfatório.

Ainda, a tomada de decisão pode ser entendida como uma maneira de o indivíduo agir quando uma atitude se torna necessária. Sob essa perspectiva, está em curso uma tomada de decisão naturalista, cuja ação ocorre em um ambiente natural, sendo utilizadas, para tanto, as diferentes fontes de poder. A esse respeito, Klein (1998) defende que a tomada de decisão consiste em qualquer ação envolvendo as seguintes características:

- restrição de tempo;
- elevado risco ou sorte;
- estrategista experiente;
- presença de informação inadequada, ambígua ou errada;
- existência de objetivos e/ou procedimentos maldefinidos;
- presença de aprendizagem por sugestão;
- estresse; e
- existência de equipes coordenadas.

Desse modo, na tomada de decisão naturalista, não é possível mapear o curso dos fluxos trilhados pelas ações até a tomada de decisão; no entanto, é possível descrever, sobretudo, o processo cognitivo do tomador de decisão.

CURIOSIDADE

Por muito tempo, a tradição filosófica racionalista considerou as emoções e os sentimentos elementos perturbadores e rivais da razão. Em 1994, o neurologista português Antônio Damásio lançou o livro *O erro de Descartes*, no qual desenvolveu a hipótese de que as emoções exercem papel fundamental na tomada de decisão. Ao examinar casos históricos de lesões no lobo frontal esquerdo em alguns de seus pacientes com traumas cerebrais mais localizados, Damásio constatou que a perda da habilidade de sentir emoções prejudicou profundamente a vida dessas pessoas. Embora elas apresentassem um desempenho normal em descrições verbais e nos cálculos matemáticos, não conseguiam decidir nem sequer em qual restaurante almoçar.

Em suma, sabendo-se que o cérebro humano tem quase 90 bilhões de neurônios e que cada um faz mais de 10 mil sinapses, a capacidade de memorizar, captar experiências e decidir é infinita. Contudo, em geral, os indivíduos escolhem trilhar caminhos conhecidos a fim de, se possível, eliminar o erro ou evitar uma aproximação com o desconhecido. E isso ocorre porque o cérebro resultou de um processo evolutivo relacionado à sobrevivência. Desse modo, o ato de prever determinado comportamento conservador é fruto de uma grande adaptação. Todavia, conforme aponta Torikachvili (2016), hoje são oferecidos desafios que extrapolam a necessidade de sobrevivência e tencionam o poder criativo do ser humano. Logo, situações que demandam criatividade destoam de um cérebro conservador.

Muitas pessoas enfrentam dificuldades quando é preciso decidir. E isso é compreensível visto que escolhas envolvem responsabilidades e quase sempre não há caminho de volta. Além disso, escolher é perder, pois a escolha de uma alternativa corresponde na imediata renúncia de outra. Nesses momentos cruciais, talvez sirva pensar que a decisão perfeita não existe, já que é impossível analisar todas as consequências (Torikachvili, 2016).

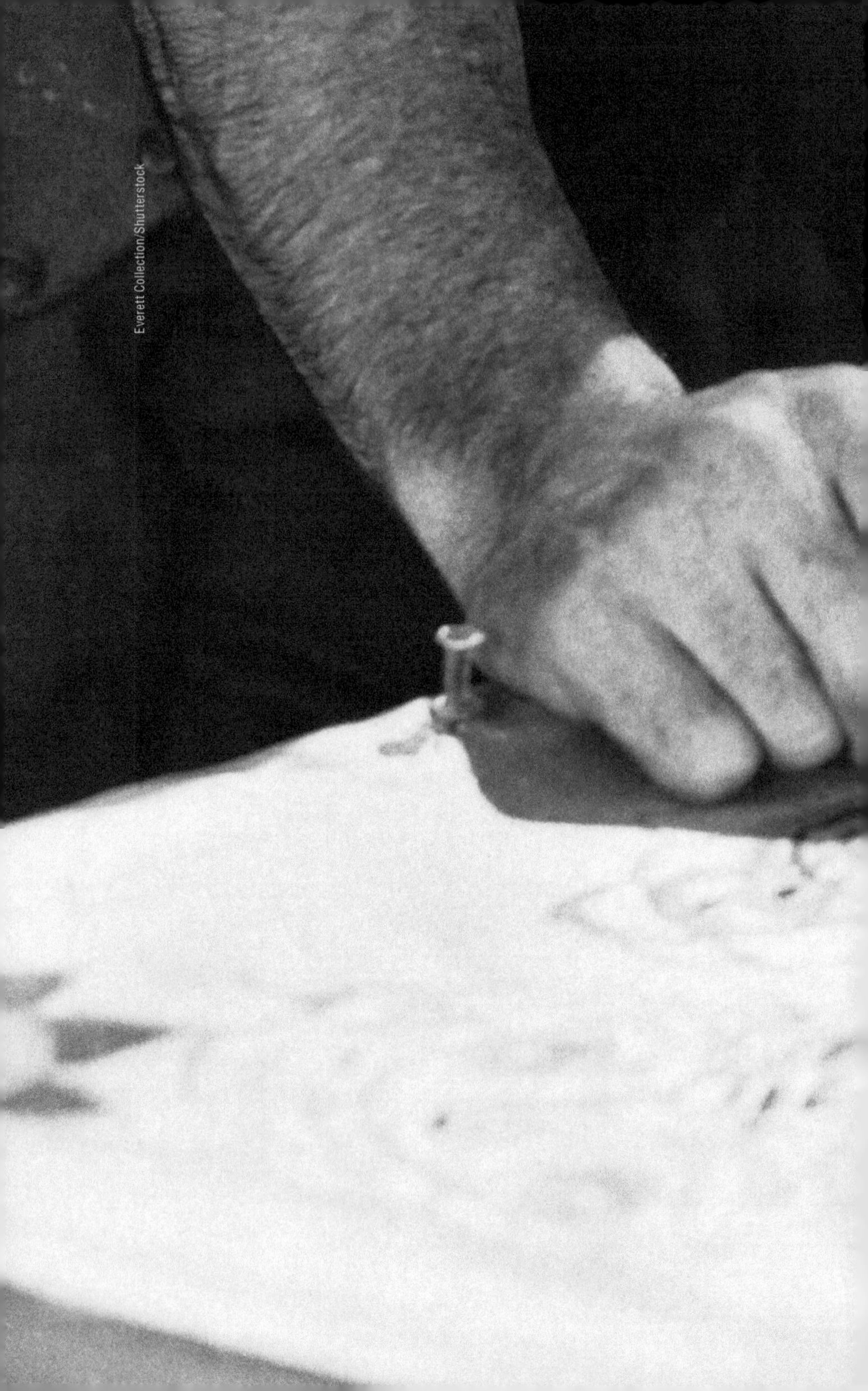

Everett Collection/Shutterstock

Capítulo 5

DISPOSITIVOS DE INFORMAÇÃO

Os mecanismos de informação integram a parte da organização que disponibiliza informações para as pessoas, contribuindo para o processo decisório do indivíduo (Iida, 2005). Como declaramos nos capítulos anteriores, os indivíduos têm cinco sentidos, mas a visão e a audição são de extrema relevância no âmbito do trabalho e, por isso, são objetos de investigação mais intensa para os ergonomistas. A visão, em especial, é fundamental para a recepção de informações no mundo do trabalho.

Segundo Iida (2005), os mecanismos de informação existem em produtos, ambientes e circunstâncias variados. Isso abrange desde itens do dia a dia, como *smartphones*, relógios e automóveis, até dispositivos de controle como os encontrados em aviões ou usinas hidroelétricas. Um planejamento inapropriado de tais equipamentos pode causar falhas, atrasos e acidentes. Em determinadas situações, as repercussões podem ser irreparáveis. Iida (2005) acrescenta que, há pouco tempo, essas informações eram disponibilizadas quase sempre por meio da palavra escrita e em vários modelos de painéis; os painéis foram trocados por telas mais informatizadas, originando a atual forma de conexão indivíduo-máquina.

Em muitas atividades laborais, predomina, notadamente, a informação visual, já a auditiva é utilizada em contextos peculiares ou, até mesmo, integrada à informação visual. Para Vieira (2011), os dados visuais são assimilados pelos olhos do indivíduo e decifrados pelo cérebro por meio de um impulso físico. A comunicação visual é um dos vários códigos da linguagem humana, mas ela somente se efetiva quando o receptor modifica o código em ideia. O olho humano observa espontânea e ininterruptamente o meio ambiente. A gama de cores, os diversos formatos, as inúmeras texturas, os inúmeros códigos, tudo é compreendido como componente permeado de emoções que se aglutinam aos demais sentidos, à conjuntura, e pactuam com ideias culturais de um receptor, transpondo-se, a partir daí, em informação visual.

Iida (2005) defende que há várias maneiras de expor as informações, visto que, para cada circunstância, pode existir um método mais conveniente. A seleção dessas estratégias segue alguns parâmetros que precisam ser avaliados. Para facilitar essa escolha, é interessante se guiar por alguns questionamentos:

- A natureza da ideia é fácil ou difícil?
- A informação é precisa? Pode ser demonstrada quantitativamente?
- A referência qualitativa e/ou designação dos níveis operacionais são suficientes?
- O dado exige uma atitude instantânea?
- A informação é restrita ou existem outros indivíduos incluídos?
- Os dados precisam estar disponíveis inclusive para colaboradores não especialistas?
- O receptor da informação executa suas tarefas em posto fixo de trabalho ou está em movimento?
- Quais são as particularidades da luminosidade e do ruído do ambiente de trabalho?

Desse modo, identificando-se a forma mais assertiva para a disposição das informações aos trabalhadores, consegue-se optar entre mostradores visuais e/ou auditivos (Iida, 2005). Por exemplo, se a natureza da informação for complexa e o ambiente ruidoso, é recomendado dispor uma informação visual, mas, se o receptor da informação movimentar-se com frequência, a modalidade auditiva é a mais indicada.

Os *menus* podem ser elaborados com opções visuais ou auditivas. Os visuais são vantajosos porque comportam maior número de opções, permitem uma visualização global e as informações não são perecíveis no tempo. Esse tipo de *menu* é muito usado em programas de computador.

> Os menus auditivos, também chamados de interfaces de estilo telefônico, aparecem, por exemplo, em mensagens gravadas. Após ouvir cada mensagem, uma voz apresenta um menu com opções. Exemplo: tecle digito 1 para repetir, 2 para guardar e 3 para apagar. Ao digitar uma das opções, por exemplo, a 3, a voz comunica o resultado: "mensagem apagada". Nesse tipo de menu, o usuário deve guardar as opções em sua memória de curta duração. [...] Entretanto, devido à baixa capacidade de armazenamento da memória MDC [memória de curta duração], ocorrem frequentemente dois tipos de erros, quando há um grande número de operações: erro de omissão (o usuário esquece o número da tecla) e de seleção (a opção escolhida é incorreta). (Iida, 2005, p. 289)

Ante baixa capacidade de armazenamento da memória de curta duração (MDC) e significativa variedade de opções, podem ocorrer, segundo Iida (2005), dois tipos de erros frequentes: (1) **erro de omissão**, em que o usuário esquece o número da tecla; (2) **erro de seleção**, em que a opção escolhida está incorreta. De forma a reduzir a quantidade de erros, pode-se organizar um *menu* hierárquico, correspondendo a uma árvore de decisão. Assim, em cada um dos níveis deve existir apenas três ou quatro opções, e cada uma se desdobra em outra opção, tornando-se cada vez mais específica.

5.1 Exibição de informações

No que diz respeito ao trabalho, as fontes de informação classificam-se em:

- **Conscientes** – Correspondem a fontes sobretudo visuais, em se tratando de sinais naturais (informais) ou preparados (formais).
- **Inconscientes** – São as fontes mais negligenciadas, em razão da grande dificuldade em trazer à consciência a informação e, dessa forma, expressar as sensações proprioceptivas, ou seja, as sensações que ajudam a reconhecer a localização e a orientação espacial do corpo.

Diversos eventos se traduzem para o indivíduo como informações, como uma luz que acende, uma porta que abre, uma buzina. Essas informações são percebidas através dos órgãos sensoriais e são transmitidas ao sistema nervoso central (SNC), onde são convertidos em movimentos musculares. Grandjean (1998) aponta que, na interface homem-máquina, um instrumento de controle informa ao homem o resultado de sua intervenção. Por essa razão, a máquina começa a realizar o processo de produção de acordo com o que foi programado. O ciclo se fecha quando acontecimentos característicos da produção aparecem nos mostradores.

De acordo com Nishida (2012), o campo visual abarcado pelo olho humano, quando o indivíduo está com a cabeça parada, consiste no todo do ambiente que pode ser visualizado por ele. Esse campo visual é de aproximadamente 150°; o campo dos dois olhos se justapõe aproximadamente 120°. A justaposição dos dois campos na retina possibilita o experimento da tridimensionalidade do ambiente (conjunto de reentrâncias e saliências de uma superfície da terra). O estabelecimento do campo visual é de fundamental importância clínica, já que os problemas de visualização em regiões específicas do campo visual permitem elaborar analogias com anomalias nos distintos locais da trajetória visual.

Os olhos têm uma facilidade de deslocação, com possibilidade de realizar diversas fixações, quase sem demandar movimentação da cabeça. O indivíduo pode utilizar três tipos de campo visual, ou áreas de visão: (1) visão estática ; (2) visão com movimento dos olhos; (3) visão com movimento de cabeça (Santos Neto, 1999).

O campo de visão estática (ou fixa) é o primordial, e o campo de visão com movimento de cabeça, o de menor relevância. A **visão estática**, também denominada *área ótima de visão*, corresponde ao campo de visualização circunscrito pela superfície da base circular de um cone com a angulação do vértice equivalente a 60°, esse vértice está na parte central da pupila. Santos Neto (1999) menciona que essa é a área de visão de maior observância de minúcias e que necessita de um menor desempenho e menos tempo para a execução de observações, e, por assim dizer, a que exibe máxima visualização de cores e formatos.

Já a **visão com movimento dos olhos**, também denominada *visão máxima*, é o campo de visualização da região alcançada com as locomoções dos globos oculares, mas com a cabeça parada. Essa área de acrescentamento, além da visualização fixa, é a região designada *visão periférica*, na qual são observadas as movimentações imperfeitas que precisam de subsequente visualização fixa para a estabilização de particularidades (Santos Neto, 1999).

Por sua vez, a **visão com movimento de cabeça**, conforme Santos Neto (1999), corresponde à região de visualização obtida com mudanças racionais tanto da cabeça quanto dos olhos.

De acordo com Iida (2005), quando existe a necessidade de observar um campo visual mais extenso, pode-se definir uma estruturação em quatro graus de elevação diferentes:

- **Grau 1: Visualização excelente** – Os elementos posicionados no interior dessa região podem ser observados constantemente e quase sem nenhuma movimentação dos olhos. Encontra-se em um cone abaixo do alinhamento horizontal de visualização com abertura de 30° dianteira e lateralmente. Esse cone é denominado *região de visualização ótima*.
- **Grau 2: Visualização máxima** – É a vista que se obtém movimentando-se apenas os olhos, sem mover a cabeça. Localiza-se até 25° acima do alinhamento horizontal de visualização e 35° abaixo dele; também na parte lateral, apresenta uma abertura horizontal de 80°, no entanto, a 25° no lado direito e igualmente para o lado esquerdo, além da área de visualização ótima. Esse cone aumentado, com 80° de abertura na horizontal e 60° na vertical é denominado *área de visualização máxima*.
- **Grau 3: Visualização amplificada** – Campo de visualização obtido com a movimentação da cabeça, uma vez que a coluna cervical tem significativa locomobilidade. A cabeça é capaz de virar até 50° para as laterais, reclinar-se até 40° para baixo, 50° para cima e pendurar-se para um dos lados do ombro, nas laterais, em até 40°. Os cones de visualização excelentes e de visualização máxima seguem essas movimentações da cabeça.

- **Grau 4: Visualização expandida** – Nesse grau, requerem-se movimentações corporais maiores, como "alongar" o pescoço, rodar o tronco ou levantar-se do assento.

Como você certamente percebeu, os graus 3 e 4 exigem um maior esforço do que os graus 1 e 2. Ainda, vale mencionar que existem fatores essenciais para a percepção das informações, o chamado *bottom-up*, que corresponde à detecção, à clareza e à legibilidade de sinal, e o *top-down*, que diz respeito à interpretação, ao contexto e à semântica.

Analisando cognitivamente, a forma de compreender e de agir de um indivíduo concerne ao modo como ele processa uma informação, se de maneira simbólica ou perceptiva, sendo interposto por um sistema de conceitos próprios. De acordo com Aragão et al. (2013), os dispositivos de informações visuais são encontrados em placas de sinalização, segurança, monitores e *displays*. Para uma melhor compreensão dessa interface, é preciso obedecer a um planejamento relevante aos objetivos ergonômicos, como as características físicas dos trabalhadores; características específicas da tarefa; usabilidade da interface; experiência e conhecimento prévio; visão macro da realidade do sistema; assistência à tomada de decisão.

Vale lembrar que os dispositivos visuais devem sempre estar localizados em lugares e posições em que seja evidente a inter-relação dos dados, de forma a diminuir a fadiga visual do operador.

5.2 Princípios de Gestalt

Em 1970, um grupo de psicólogos alemães formularam a teoria da Gestalt, para a qual a percepção humana não consiste em somente um conjunto de elementos, visto que há uma relação entre eles; e, se esta for decomposta, ocorre igualmente uma modificação no sentido. Iida (2005) enfatiza que, segundo essa teoria, a concepção do ser humano não acontece por partes, já que os indivíduos percebem o todo formado por elas. Observemos a Figura 5.1, a seguir; Iida (2005) a utiliza para ilustrar que, ao avistar três pontos em certa posição, o observador concebe um triângulo, como se houvesse porções imaginárias unindo esses sinais.

Figura 5.1 – **Pontos formando um triângulo**

•

•   •

Fonte: Iida, 2005, p. 291.

Desse modo, ao reconhecer que o cérebro humano traça essas linhas imaginárias, podemos afirmar que as partes organizam uma só imagem, acrescentando a ela um significado. A atribuição de significado necessita de uma observação cuidadosa das características visuais da imagem, como a localização, a proporção e as interações entre os elementos.

Assim, Gestalt é a análise da concepção do indivíduo em associação às formas, ou seja, os modelos de comportamento visual apresentado pela pessoa. Esses modelos embasam a teoria da Gestalt, que menciona que a assimilação das partes de uma forma depende, primeiramente, da compreensão do todo que a constitui. Em outros termos, a Gestalt investiga como o cérebro dos indivíduos capta as formas. Essa teoria deduz que a compreensão dos objetos ocorre por um todo, de maneira unida, e não por elementos desacompanhados.

Figura 5.2 – **Ilustração de identificação do fundo**

Peter Hermes Furian/Shutterstock

Todo ser humano carrega consigo uma "bagagem" de momentos vivenciados, recordações e convicções, a qual determina a maneira particular de enfrentar e observar a realidade. Isso, no âmbito da teoria ora em foco, é denominado *fundo*. Em compensação, a maior parte do que chama a atenção do indivíduo em algumas ocasiões, que o aprisiona, seja um produto seja uma necessidade a ser suprida (sensação de fome ou sede, emoções etc.), é o que na Gestalt se denomina *figura*. Dessa forma, a percepção do indivíduo destaca uma parcela da imagem que ele considera importante, seja o fundo, seja a figura. Em imagens ambíguas, por exemplo, os dois segmentos não podem ser percebidos simultaneamente.

Conforme Iida (2005), o discernimento do indivíduo evidencia um segmento da imagem que é tido como o mais relevante, por isso chamado de *figura*. O restante caracteriza-se como fundo ou cenário. Ocasionalmente, em imagens que admitem interpretações diversas, o objeto pode ser trocado pelo fundo, mas o indivíduo não tem a capacidade de perceber os dois concomitantemente.

Rodrigues Junior (2007) explica que a **simetria** acontece quando dois ou mais elementos são deduzidos de modo singular, independentemente da totalidade estabelecida, em que está demonstrada uma quantidade distinta de elementos.

Figura 5.3 – **Simetria**

DivinHX/Shutterstock

A **proximidade**, por sua vez, corresponde a elementos que integram um conjunto perceptivo e estão unidos em uma só unidade e mantendo uma distância mínima (Iida, 2005).

Figura 5.4 – **Proximidade**

Hennie_B/Shutterstock

Objetos parecidos em coloração ou formato predispõem-se a ser reunidos pelo cérebro em um único elemento. Por isso, elementos próximos, somente com um atributo parecido, se unificam aos olhos do observador. Essa é uma das leis da Gestalt, chamada de ***semelhança*** (Mendes, 2020).

Figura 5.5 – **Semelhança**

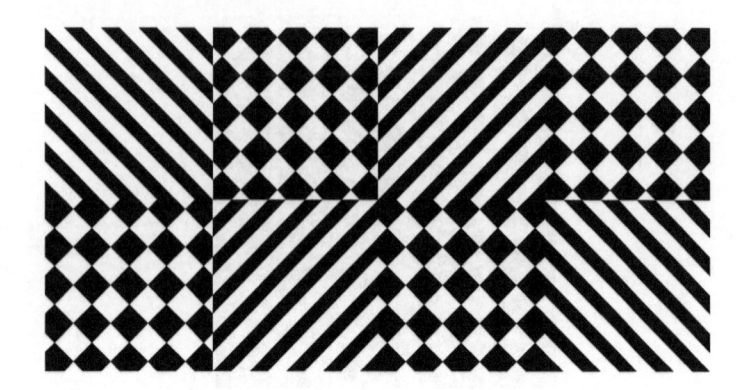

A **continuidade** é a uma das leis da Gestalt que referencia a fluidez de um conjunto de elementos, ou seja, de uma composição. Se os itens de um agrupamento dispõem de equilíbrio do início ao fim, sem intermissões, eles apresentam perfeita constância (Jandreh, 2019).

Figura 5.6 – **Continuidade**

As ilustrações de **fechamento** correspondem a figuras inacabadas que geralmente são vistas como completas, retratando elementos que apresentam uma definição (Iida, 2005).

Figura 5.7 – **Fechamento**

Resumidamente, os princípios (ou leis) mais conhecidos da Gestalt, de acordo com Iida (2005), são:

- **Figura/fundo** – A percepção individual destaca uma parte da imagem, que é considerada a mais importante e denomina-se *figura*. O restante, por sua vez, corresponde ao fundo.
- **Simetria** – Habilidade em descobrir simetrias em formas complexas. Esta é, provavelmente, a lei mais forte da Gestalt, pois está presente em quase todos os objetos e figuras considerados belos e equilibrados.
- **Proximidade** – Conjuntos de fundos ou figuras que se situam próximos entre si e são percebidos como um conjunto único. Uma sucessão de pontos é percebida como uma linha contínua, por exemplo.
- **Continuidade** – A percepção tende a prolongar e extrapolar as trajetórias, mostrando uma tendência conservadora.
- **Fechamento** – Figuras incompletas tendem a ser percebidas como completas. Fragmentos dessas figuras são completadas, reproduzindo objetos que apresentam uma definição, um significado.

O indivíduo, ao se deparar com um projeto de design e reagir com satisfação (quando a pessoa, naturalmente, observa o design de uma peça e acha interessante), é bem possível que não somente um, mas vários princípios da teoria da Gestalt acompanhem essa percepção. Iida (2005) comenta que, ao realizar a análise do projeto de forma mais minuciosa, o sujeito possivelmente percebe um ou até dois componentes e, presumivelmente, eles fazem parte de uma ou mais regras da Gestalt. Um design eficiente, nesse sentido, explora tais regras a fim de compreender melhor o que cada uma delas impacta nos indivíduos, investigando seus critérios e impactos visuais.

Portanto, a Gestalt contribui para que o designer possa administrar de maneira mais satisfatória seus projetos, concebendo um trabalho mais coerente, uma vez que aperfeiçoa a forma como a mensagem é apresentada ao público. A psicologia da Gestalt é uma mobilização que trabalha no campo da teoria da forma. O profissional de design emprega as regras da Gestalt a todo momento e até mesmo inconscientemente, pois seu trabalho é levar os indivíduos a compreenderem as mensagens transmitidas.

5.3 Palavras escritas

A palavra escrita surge primeiramente em manuais de instruções, bulas de medicamentos, especificações em fichas técnicas, bem como em rótulos de produtos e etiquetas (Iida, 2005). Quando os olhos avistam um alinhamento contínuo, movimentam-se aos saltos. De início, eles se fixam em um ponto. Em seguida, movimentam-se para outro ponto, e assim sucessivamente. A movimentação de um local para o outro é denominada *sacádico* e dura aproximadamente 0,25 segundos. Entre dois pontos, no instante em que os olhos observam um pequeno grupo de duas ou três palavras, acontece uma fixação. Logo, o cérebro realiza sucessões a uma velocidade aproximada de 0,25 segundos por fixação.

A leitura é uma técnica perceptual e, quando executada, vários procedimentos estão incluídos, entre eles:

- clareza visual;
- movimentação ocular;
- combinação visuoauditiva;
- recognição auditiva;
- encadeamento fonológico;
- memória de visualização e de audição;
- oralidade;
- desenvolvimentos verbais excepcionais.

Assim, o ato de ler é um método ativo, no qual os olhos executam movimentos a fim de apreender ideias. Nessa atividade, os olhos desempenham movimento de estabilização (há momentos em que o olhar permanece imóvel), averiguando uma pequena região do impulso, e movimentos sacádicos, que consistem em movimentações ligeiras pulando de um sinal para o outro com o intuito de alicerçar a figura sobre a fóvea. Essas movimentações dos olhos dependem de cada leitor, em leitores principiantes, normalmente, as estabilizações tendem a ser mais compridas e as sacadas mais encurtadas, refletindo a falta de maturidade no ato de ler (Iida, 2005).

Segundo relata Iida (2005), pesquisas feitas com várias combinações de material impresso apresentaram que a clareza da leitura segue criteriosamente o espaço entre uma linha e outra. O autor comenta que linhas muito compridas e com espaço diminuto entre elas ocasionam um desconforto aos olhos. Diante disso, alguns pesquisadores orientam que, a fim de não alterar a quantidade de letras na mesma página, uma opção seria diminuir um pouco o espaço entre uma letra e outra, para suprir o acréscimo do espaçamento entre uma linha e outra.

A legibilidade, portanto, corresponde à possibilidade de leitura e até mesmo ao modo como o conteúdo está exposto, se, por exemplo, em letras compreensíveis. Dessa maneira, a visão também é o domínio de códigos que podem ser evidentes.

Quem lê, conforme Iida (2005), primeiramente observa a figura da palavra, isto é, lê a palavra completa, numa atitude universal de concepção dos vocábulos, em que não se encaixa a distinção personalizada das letras. Sendo assim, não se realiza a leitura letra por letra, mas se identificam os agrupamentos de letras por meio de suas características formais. Em suma, a leitura ocorre pela formação da figura das palavras.

Figura 5.8 – **Percepção dos grupos de letras por suas especificidades formais no momento da leitura**

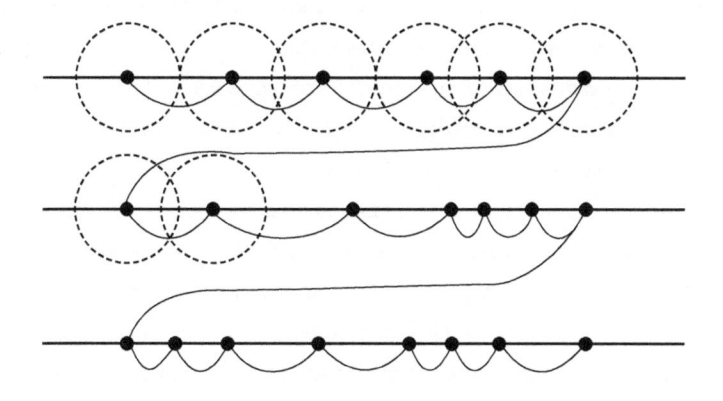

Fonte: Santos Neto, 1999.

Texto estruturado

Os textos estruturados são aqueles sistematizados por itens, em que existe uma hierarquização de subtítulos. Geralmente, esse tipo de texto apresenta mais de uma ideia, é menos prolixo e viabiliza a consulta. É preciso levar em consideração que os indivíduos que leem manuais o fazem para adquirir algum tipo de entendimento operacional ou para sanar rapidamente alguma dúvida ou incerteza. Além disso, quem não cultiva o hábito de leitura tem ainda mais dificuldade para abstrair as ideias fundamentais a partir de um texto muito extenso (Iida, 2005).

Iida (2005, p. 296) faz algumas recomendações referentes a textos escritos:

- Use tipos de letras mais simples. Letras muito rebuscadas ou enfeitadas dificultam a leitura.
- Use letras maiúsculas apenas para o início da frase ou em nomes e títulos. Evite palavras inteiras com letras maiúsculas.
- Use letras minúsculas com serifas (pequeno traço perpendicular nas terminações das letras) para o texto. Exemplos: Times Roman, Courier [...]. Sem serifas para os títulos: Arial [...] Century Gothic.
- As dimensões das letras dependem da distância visual [...]. Como regra geral, a altura das letras maiúsculas devem ser 1/200 da distância de quem lê. Por exemplo, em uma sala de conferência, onde o expectador mais distante fica a 20 m, a altura da letra deve ser de 10 cm. Para leitura em tela de computador (distância aproximada de 40 cm), recomenda-se altura mínima de 2 mm.
- [...]

- Deve haver uma proporcionalidade entre a largura e a altura das letras. Recomenda-se que a largura, para a maiúscula, tenha 60% da altura (variando entre 50 a 75%). Para letras estreitas como "i" e "l", 20% e para as letras largas como "m" e "w", 80% da altura.
- O espaçamento entre linhas deve ser proporcional ao seu comprimento. Recomenda-se um espaçamento de pelo menos 1/30 do comprimento. Se a linha tiver 15 cm de comprimento, a distância entre linhas deve ser 0,5 cm.
- Assegure um bom contraste figura/fundo (letra clara em fundo escuro ou vice-versa). O melhor contraste é conseguido com preto sobre branco. A coloração de fotografias e outras imagens no fundo dificulta a leitura, porque provoca variações de contrastes.

5.4 Símbolos e ícones

A linguagem é um dos obstáculos mais significativos à interlocução entre populações de descendências distintas. Hoje em dia, existem aproximadamente 5.000 idiomas e dialetos em uso no planeta, e, desse total, 100 são consideradas línguas de grande relevância. Em diversas situações, a linguagem impõe complexidades que, por vezes, são intransponíveis. Para ultrapassar essa barreira comunicacional, determinadas áreas das humanidades estabeleceram códigos globais, como acontece na música, na física e em diversas outras ciências.

A comunicação verbal e a não verbal utilizam códigos para exteriorizar pensamentos, no entanto, na verbal, os códigos são constituídos pelos sons da língua (que podem ser representados graficamente na escrita), já na não verbal, outros códigos são observados, como formatos, figuras, colorações, gestos etc. A linguagem verbal tem uma organização fixa, isto é, seus códigos e sons apresentam uma sequência linear, seja na oralidade, seja na escrita. Na linguagem não verbal, por sua vez, os códigos podem ser distribuídos simultaneamente. A cor verde de um semáforo, o cartão amarelo de um juiz em uma partida de futebol, as placas de trânsito e as figuras fixadas nas portas de sanitários, são exemplos de linguagem não verbal (Iida, 2005).

O termo **símbolo**, com origem no grego *symbolon* (σύμβολον), designa um tipo de signo em que o significante (realidade concreta) representa algo abstrato (religiões, nações, quantidades de tempo ou matéria, etc.) por força de convenção, semelhança ou contiguidade semântica (como no caso da cruz que representa o cristianismo porque é parte do todo que constitui a imagem do Cristo morto).

Charles Sanders Peirce (1839-1914), filósofo, pedagogo, cientista, linguista e matemático americano, desenvolveu uma classificação geral dos signos, em que o símbolo é sempre algo que representa outra coisa (para alguém). Assim, o símbolo é um elemento essencial no processo de comunicação, pois está difundido no cotidiano e nas mais variadas vertentes do saber humano. Embora existam símbolos reconhecidos internacionalmente, outros só são compreendidos por determinado grupo ou contexto (religioso, cultural, etc.), podendo ser também um objeto que substitui, representa, ou sugere algo. A representação específica de cada símbolo pode surgir como resultado de um processo natural ou ser convencionada de modo que o receptor (uma pessoa ou um grupo específico de pessoas) consiga interpretar seu significado implícito e atribuir-lhe certa conotação. Ainda, pode explicitar uma relação física com o objeto ou com a ideia que representa, podendo não só ter uma representação gráfica ou tridimensional, mas também sonora ou até mesmo gestual. Símbolos gravados há mais de 60.000 anos em casca de ovos de avestruz evidenciam que o sistema de representação simbólica usado contemporaneamente é muito antigo (Iida, 2005).

A disciplina que se ocupa do estudo dos símbolos, seu processo e sistema em geral é a **semiótica**.

Figura 5.9 – **Símbolos de trânsito**

Figura 5.10 – **Símbolos de perigo**

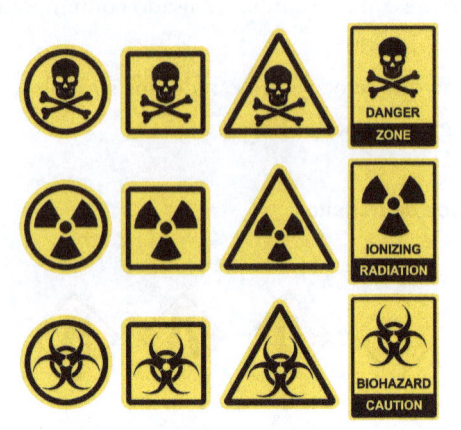

Vector FX/Shutterstock

Por fim, os símbolos tem a capacidade de aproximar o objeto real de sua representação gráfica. Assim, por exemplo, um homem, uma mulher, uma criança ou um idoso podem ser representados mediante uma imagem humana, ainda que de modos distintos.

Já os **ícones** correspondem a imagens que retratam de forma clara e direta o significado de algo. Servem para indicar a usabilidade de um objeto ou seu tipo de conteúdo. Os ícones geralmente são elaborados com base em suposições e experiências pessoais, no entanto, nem sempre os resultados são satisfatórios. Tendo isso em vista, Toft, Howard e Jorgensen (2003) desenvolveram uma técnica de consulta aos usuários dividida em duas etapas:

1. **Pesquisa de imagens** – Nessa etapa, foi selecionado um conjunto de palavras-chave que representam os comandos que se quer introduzir no sistema. Essas palavras são impressas na parte

superior de folhas em branco de tamanho A4, estando cada palavra em uma folha distinta. Essas folhas são distribuídas a um grupo de pessoas, que devem desenhar uma imagem para representar a palavra impressa. Preferencialmente, nesse grupo devem estar futuros usuários do sistema. As imagens elaboradas têm de identificar os estereótipos populares associados a cada tipo de comando. A partir dessas figuras, são elaborados os ícones. Essa tarefa costuma gerar uma grande variedade de imagens, sendo possível, em diversos casos, construir diferentes ícones para representar o mesmo tipo de função, a fim de, posteriormente, serem submetidos ao teste de validação.

2. **Teste de validação** – Nessa fase, os ícones produzidos na etapa anterior são submetidos à avaliação por um número maior de pessoas. As várias alternativas para representar uma função são, desse modo, votadas. Ainda, a validação pode ser estendida a diferentes regiões e culturas.

5.5 Principais tipos de mostradores

Hoje em dia, existem vários modelos de mostradores visuais e auditivos e cada um tem seus próprios atributos, sendo indicados para usos específicos. Conforme aponta Iida (2005), o uso inapropriado de mostradores pode impactar negativamente a relação indivíduo--máquina, ampliando o tempo de reflexo e as falhas, o que pode gerar maiores gastos.

Os mostradores são categorizados essencialmente em quantitativos e qualitativos; ambos podem ser imóveis ou dinâmicos, de acordo com o fornecimento de leituras irremovíveis ou oscilantes.

Iida (2005) menciona que os **mostradores quantitativos** apresentam indicações sobre valores aproximados de uma variável, ou seja, sua tendência, sua variação de direção ou seu desvio em relação a determinado valor (isso quando não é necessário conhecer o valor exato da variável). Esse tipo de mostrador é utilizado em controle de processos, no qual as variáveis como pressão, temperatura e fluxo devem ser mantidas dentro de determinada faixa de operação, como é o caso do indicador de temperatura do motor do carro.

Os **mostradores qualitativos** podem ser analógicos ou digitais. As informações dispostas nos mostradores digitais são superiores àquelas contidas nos analógicos e são percebidas de maneira mais rápida e os erros contidos são minimizados. Entretanto, os mostradores analógicos têm a vantagem de permitir o acompanhamento da tendência da evolução da variável, sendo preferível sua utilização quando a quantidade de valores ou informações mostra alteração de frequência (Iida, 2005).

Os **mostradores pictóricos** são constituídos por um grupo particular de mostradores qualitativos e, segundo Iida (2005), podem ser classificados em:

- Dinâmicos – Representados primordialmente pelos tubos de raios catódicos presentes nos monitores, como em aparelhos de radar, televisões etc. Entretanto, cabe ressaltar que existem diversos problemas associados aos tubos de raios catódicos, como

o tamanho e o brilho do objeto, contraste com o fundo e os diferentes tipos de ruídos que ele provoca.
- Estáticos – Representados primordialmente por cartazes e gráficos.

Ao se projetar um mostrador, é importante considerar (a) o uso de apenas um ponteiro; (b) a escala deve ser fixa e o ponteiro, móvel; (c) o ponteiro deve estar ligado ao movimento do controle e não ao da escala, de forma que seu deslocamento obedeça o sentido horário; (d) atentar-se para a cor, o brilho e o contraste; (e) de preferência devem ser utilizadas escalas retas e horizontais.

Ainda, é fundamental observar a localização dos mostradores, a fim de que as informações sejam facilmente visualizadas, para tanto, deve ser aplicada a teoria da Gestalt, seguindo os critérios apontados por Aragão et al. (2013), quais sejam:

- **Importância** – É necessário que os mostradores de maior importância estejam ao alcance da visão ótima do operador.
- **Associação** – Mostradores associados a controles devem ficar na mesma ordem ou estar alinhados de acordo com um mesmo tipo de arranjo espacial.
- **Sequência** – Mostradores ligados a operações sequenciais devem seguir a mesma sequência dessas operações.
- **Agrupamento** – Mostradores associados a painéis mais complexos podem ser agrupados pelos tipos ou função que exercem.

Nessa linha de raciocínio, há certas recomendações para legibilidade nas escalas qualitativas. Esse tipo de escala é utilizado de forma essencial em leituras de verificação, o que significa que não é necessário conhecer o valor exato da variável, bastando analisar se ela permanece dentro de uma faixa de operação ou de segurança. Sempre que possível, deve ser utilizado nesses mostradores um código de cores com o intuito de separar as diversas faixas de operação e reduzir a carga mental do operador (Iida, 2005).

Aragão et al. (2013) destacam que é necessário prestar atenção nos estereótipos populares durante o uso de códigos de cores nos mostradores, também conhecidos como *sinais de alerta*:

- **Verde** – Designa andamento normal do processo.
- **Amarelo** – Indica atenção, pois o processo já saiu de seu estado de normalidade e pode exigir uma ação corretiva.
- **Vermelho** – Remete a perigo; diante desse sinal, o operador deve redobrar a atenção com o processo e efetuar um reparo imediatamente.

Logo, a mudança de cores exige atenção, evitando, assim, erros de compreensão dos textos. O recomendado é que se utilizem, no máximo, quatro cores; isso porque o uso exagerado pode confundir os sentidos e causar efeitos psíquicos adversos.

A seguir, apresentamos alguns exemplos de cores, seus efeitos e suas características.

> **Azul**
> Efeito distância: distante
> Efeito temperatura: frio
> Disposição psíquica: tranquilizante
>
> **Vermelho**
> Efeito distância: próximo
> Efeito temperatura: quente
> Disposição psíquica: muito irritante

Verde
Efeito distância: distante
Efeito temperatura: frio e neutro
Disposição psíquica: muito tranquilizante

Amarelo
Efeito distância: próximo
Efeito temperatura: muito quente
Disposição psíquica: estimulante

Violeta
Efeito distância: muito próximo
Efeito temperatura: quente
Disposição psíquica: agressivo, desestimulante

Laranja
Efeito distância: próximo
Efeito temperatura: muito quente
Disposição psíquica: estimulante

Marrom
Efeito distância: muito próximo
Efeito temperatura: neutro
Disposição psíquica: estimulante

Tendo em vista esses exemplos, é importante ressaltar dois aspectos que devem ser considerados no uso das cores:

1. Cores escuras geram a sensação de abafamento, sufocamento e desestímulo.

2. Cores claras despertam a sensação de leveza, amistosidade e estímulo, uma vez que difundem a luz e clareiam o ambiente.

Existem, ainda, os **mostradores informatizados,** que são gerados por computadores capazes de criar diversos tipos de representações gráficas dinâmicas. Assim, eles acompanham a evolução do sistema tecnológico e os gráficos construídos podem ser atualizados de acordo com a tecnologia disponível. Tais representações gráficas têm a função de evidenciar o desenvolvimento do sistema do modo mais direto possível, demandando menos operações mentais para a interpretação de informações e reduzindo o tempo de reação.

Nos mostradores informatizados, as cores são um elemento adicional, auxiliando na organização das informações e facilitando sua visualização. Iida (2005) faz as seguintes recomendações para o uso de cores em telas: (a) usar cores similares para significados similares; (b) usar uma cor de fundo para agrupar elementos relacionados entre si; (c) saber que nem todas as cores são igualmente legíveis; (d) usar brilho e saturação para destacar elementos e atrair a atenção; (e) evitar o vermelho e o verde para contornar grandes áreas claras; (f) evitar o azul puro para texto, linhas finas e figuras pequenas.

Por fim, é preciso sempre ficar atento ao fato de que os meios de reprodução, como impressoras e projetores, podem alterar as cores. Além disso, a iluminação do ambiente pode influenciar na percepção do observador.

5.6 Alarmes

Os alarmes são sinais que servem para chamar a atenção, indicando uma situação crítica ou perigosa. Eles podem ser direcionados para uma pessoa específica (consumidor do produto) ou a população em geral (sinais de trânsito). No caso dos produtos, devem informar sobre os cuidados para não os danificar ou fazer uso incorreto deles, bem como sobre seus riscos potenciais (Iida, 2015). O primeiro requisito do alarme é que ele tenha potencial de atrair a atenção na etapa de pré-atenção, sendo retido na memória de curta duração de 3 a 6 segundos. Se a informação for considerada relevante, pode levar à ação subsequente.

No caso de alarmes visuais, a visibilidade pode ser melhorada usando-se letras de traços largos, alto contraste, cores salientes, bordas, símbolos chamativos e efeitos especiais, como luzes piscando. A cor vermelha é a que se associa melhor ao perigo. Depois, em ordem decrescente, está a cor laranja e a amarela. Ainda, é possível colocar um símbolo para chamar a atenção. Esse símbolo deve ter traços simples, com significado concreto (é preciso evitar conceitos abstratos) e ser destinado também àquelas pessoas que não conseguem ler (crianças e analfabetos), bem como estrangeiros, que não acessam o texto escrito (Iida, 2005).

Figura 5.11 – **Barris contendo produtos inflamáveis**

As mensagens contidas em um alarme devem apresentar quatro componentes:

1. **Um símbolo, uma palavra ou ambos** – Geralmente, são utilizadas palavras como *cuidado*, *atenção* e *perigo*, que retratam a gravidade da mensagem que se pretende transmitir.
2. **Descrição** – É necessário explicitar o assunto do aviso que se pretende transmitir, como "área de risco".
3. **Esclarecimentos** – É preciso dizer os motivos de o alarme existir e suas possíveis consequências, como "pode causar cegueira" ou "pode provocar câncer".
4. **Instruções preventivas** – Cabe descrever as ações que promovem um comportamento seguro, como "utilize o cinto de segurança".

Ainda, é importante que os alarmes sejam alocados em posições visíveis, de modo que todos os usuários (dotados de visão) possam enxergar, a fim de evitar qualquer acidente. Quando possível, deve ser colocado na própria máquina ou equipamento que representa perigo para o indivíduo.

Portanto, os alarmes constituem um importante meio de segurança para a sociedade; sua visibilidade e mensagem garantem o bem-estar dos indivíduos e diminuem os riscos de acidentes.

Everett Collection/Shutterstock

Capítulo 6

ERGONOMIA
E OS USUÁRIOS
DE COMPUTADORES

Em um universo conectado, o trabalho tem se tornado cada dia mais dependente da informática. O uso dos mais distintos equipamentos tecnológicos na automatização das atividades, para a realização de cada tarefa dentro das organizações, requer dos colaboradores, em grande parte do tempo, posturas ergonomicamente inadequadas. Tais posturas podem prejudicar, significativamente, a região cervical, especialmente quando o indivíduo se inclina em direção ao monitor do computador (Molina; Guterres; Bragança, 2018).

Figura 6.1 – **Postura sentada: correta e incorreta**

3DBear/Shutterstock

A postura mais frequentemente exposta diante do computador é a anteriorizada, e ela pode levar ao incômodo na cervical. Muitas vezes, as pessoas não percebem, mas o corpo sempre emite sinais de que é necessário mudar de posição. O alerta do corpo normalmente são dores, às vezes cãibras ou formigamento, que tendem a diminuir quando a posição é trocada (Molina; Guterres; Bragança, 2018).

É importante ressaltar que as pessoas que trabalham com computadores devem estar atentas à postura delas diante da tela. Segundo Molina, Guterres e Bragança (2018, p. 143), "algumas das causas de desconforto no trabalho com computadores são as dores musculares no pescoço, ombro e cabeça". Muitas pessoas também se queixam de dores de cabeça após terem ficado muitas horas em frente ao computador. A demanda de trabalho, quando é grande, impossibilita o indivíduo de realizar algumas pausas nas tarefas. Com isso, há prejuízos à qualidade de vida, já que a cefaleia é uma patologia que causa muitos malefícios, como indisposição e diminuição no desempenho nas atividades pessoais e profissionais.

Para Molina, Guterres e Bragança (2018), o local de trabalho nas organizações quase nunca é ergonomicamente preparado e, com frequência, não dispõe de móveis adequados para cada um dos colaboradores realizar de forma apropriada suas tarefas, já que as pessoas têm diferentes características físicas. Tendo isso em vista, é fundamental que as empresas se preocupem com o bem-estar de seus colaboradores, para que eles possam desempenhar suas funções da melhor maneira possível. Com isso, ambos os lados têm vantagens, tanto a organização, com o aumento da produtividade, quanto o trabalhador, que se sente mais satisfeito em um ambiente agradável. Sendo assim, ao investir em infraestrutura, mobiliário, máquinas e equipamentos adequados, as organizações estão no caminho de sucesso na perspectiva ergonômica.

Em razão das impossibilidades de se ajustar todos os equipamentos de trabalho, sem desconsiderar o custo disso, compreende-se o motivo de serem tão complexas as alterações posturais entre os trabalhadores no Brasil, especialmente entre aqueles que permanecem nas mesmas posições durante horas. (Moraes; Pequini, 2000). Para Santos e Ferreira (2005), com a utilização exorbitante de computadores por muitas horas, na mesma posição e realizando tarefas repetitivas, muitos trabalhos têm manifestado doenças ocupacionais, como lesões por esforços repetitivos (LER) ou distúrbios osteomusculares relacionados ao trabalho (Dort). Tais doenças afetam mormente a área do pescoço e dos membros superiores.

Santos e Ferreira (2005), em estudo com profissionais de *telemarketing* de um banco multinacional com uma unidade em São Paulo, constaram quais são as fontes de risco para desencadeamento de Dort, especificamente dos membros superiores. As conclusões apresentaram uma relação entre os transtornos e a pressão exercida pelo tempo, aliados às regras interna no ambiente de trabalho. As particularidades do local, o equipamento, a postura corporal e o emprego de força muscular não foram correlacionados. As autoras comentam, ainda, sobre outra pesquisa, que investigou e analisou as transformações nas atividades laborais e na vida dos profissionais de agências bancárias de uma associação de portadores de LER na cidade de Cascavel, no estado do Paraná. Os fatores predominantes informados no encadeamento do adoecer são incremento do volume de trabalho, utilização de computadores por muitas horas, falta de intervalo, aborrecimento, atividades recorrentes, intimidação, tensão. Santos e Ferreira (2005) afirmam que esse levantamento permitiu constatar que o aparecimento da LER/Dort vincula-se, em grande parte, às transformações no mercado de trabalho, que causaram malefícios para a saúde do profissional.

De acordo com Costa e Xavier (2006), as patologias osteomusculares – LER/Dort – são doenças com manifestações de dores constantes. Em algumas pessoas essas dores decorrem de certas modificações no organismo; já em outras, mesmo sem qualquer tipo de alteração, a dor se faz presente em seu dia a dia. Essas patologias são resultado especificamente da função ocupacional, refletindo nas questões econômicas e sociais; afinal, interferem até mesmo na saúde pública. Assim, uma das medidas de precaução de LER/Dort são as atividades de ginástica laboral, disponíveis para os funcionários em algumas empresas. Esse é um recurso excepcionalmente eficaz, com exercícios realizados em um tempo curto, mas que promovem melhorias na saúde física e mental dos colaboradores. Vale salientar que os problemas observados na coluna cervical correspondem a uma desordem musculoesquelética, na qual se percebe a privação do arqueamento fisiológico. Isso ocorre pela manutenção de posturas incorretas por longos períodos perante algum equipamento de trabalho (Molina; Guterres; Bragança, 2018).

Desse modo, visto que as organizações necessitam de colaboradores habilidosos para executar suas tarefas no auge de sua saúde, a fim de garantir um bom desempenho e eficácia, a empresa precisa ofertar recursos para que esses colaboradores disponham de condições ergonômicas satisfatórias diante das atividades a serem desempenhadas, com o menor custo possível tanto para a organização quanto para o colaborador (Costa; Xavier, 2006).

O aumento no uso de mídias digitais no ambiente corporativo permitiu que uma grande quantidade de colaboradores compartilhassem informações em seu dia a dia no trabalho e em sua vida pessoal. Admite-se que as redes sociais, de modo geral, são compostas de pessoas que firmam vários tipos de relações, iniciando movimentos sociais e organizacionais relevantes (Ferreira, 2011). De acordo com

Reitz, Amaral e Cybis (2004), vários fatores que prejudicam a usabilidade de aplicativos de *softwares* também danificam o projeto de *websites*. Todavia, existem condições que são especificamente complicadas para a usabilidade de *websites*, como: (a) a enorme quantidade de texto lançado na *web*, que aflige a ação da leitura; (b) a busca por ideias, que é prejudicada pela desorganização; (c) a complexibilidade dos *hyperlinks*, tanto de imagens quanto de textos; (d) a inexistência de mecanismos de pesquisa; e (e) a péssima condição de navegação.

Reitz, Amaral e Cybis (2004) enfatizam que, com foco em fazer o uso da *web* ser satisfatório, os projetistas de *websites* não deveriam publicar apenas um conteúdo significativo, mas também os exibir de maneira a proporcionar uma vivência concreta, conveniente e suficiente para o usuário e suas atividades particulares. Essa vivência do usuário com a ferramenta fez surgir o conceito de **usabilidade**, que corresponde à ideia de que um elemento pode ser utilizado por pessoas representativas, que têm como intuito atingir propósitos particulares, com competência e contentamento, em um cenário característico de uso. Na concepção desses autores, os usuários de *websites* podem sofrer com um excesso de carga compreensiva ao enfrentar problemas de leitura, excesso de carga intelectual (confusão ou dilema), por exemplo. As dificuldades de usabilidade – como impasses em encontrar a informação pretendida, em retornar a uma página que já tenha sido visitada, ou confusão diante da abundância de cores – podem gerar desconforto visual, atrasar, arruinar e impossibilitar a realização de uma tarefa. Esses impasses somam um gasto considerável quando suas decorrências são verificadas por todos os usuários. Sendo assim, a ampliação da usabilidade de *websites* pode resultar em uma recompensa muito satisfatória.

As ações do ser humano necessariamente têm um elemento físico e outro mental, que podem ser categorizados, mediante suas tarefas, em ergonomia física e cognitiva. Essa temática aborda o conjunto de ações requeridas no tratamento de uma informação. A engenharia de usabilidade busca elaborar projetos de "fácil uso". Seu constituinte primordial é a interface homem-computador (IHC), ou seja, preocupa-se com a forma como indivíduos se relacionam com a tecnologia do computador e a concretização desse relacionamento, formando-se alicerces teóricos para as definições de usabilidade de *softwares* e de computadores. A ergonomia de IHC é aplicada no contexto da atividade informatizada, na qual os procedimentos intelectuais das ações prevalecem. As sugestões ergonômicas são usadas tanto para ajudar o projetista na estruturação de criação da interface quanto para examinar a usabilidade da interface pelo avaliador (Reitz; Amaral; Cybis, 2004).

Segundo Melo (2010), por meio da análise de orientações ergonômicas, foi elaborada uma somatória de parâmetros ergonômicos a ser aplicados em vários tipos de intervenções. Os parâmetros são segmentados em oito grupos fundamentais:

1. O comando é determinado na convocação (presteza) do sistema, na facilidade de entendimento das ideias e das telas, no retorno ao usuário sobre a conclusão da ação e nos conjuntos e distinção entre elementos nas telas. Esse subparâmetro reporta-se tanto às formas (grupos e diferenciação por formato) quanto ao posicionamento (grupos e diferenciação por posicionamento) dos elementos.

2. O volume de trabalho é estabelecido pela velocidade das exibições e entradas (concisão), pela dimensão e pela densidade das comunicações (atitudes mínimas) e pela condensação de informações das telas de modo geral.
3. A administração notória é identificada pela especificidade evidente das atitudes do usuário (comportamentos visíveis) e por sua administração dos processamentos (gestão do usuário).
4. A adequação é relativa tanto às probabilidades de particularização do sistema que são ofertadas ao usuário (flexibilidade) quanto à organização adequada desse sistema a usuários de distintas fases de vivência (observação da experiência do usuário).
5. A administração de falhas corresponde ao conjunto de peças de prevenção que podem ser estabelecidas nas interfaces (proteção contra falhas), como a característica das informações de falhas fornecidas e as premissas ofertadas para que o usuário reabilite a regularidade do sistema ou da atividade (retificação das falhas).
6. A constância está relacionada à uniformidade e à harmonia dos processos decisórios de planejamento para os conteúdos e diálogos.
7. As definições de códigos e designações servem para informar a ligação conteúdo-expressão das unidades de conceito das interfaces.
8. A conformidade, estabelecida no compromisso, pode existir entre os atributos do sistema e as particularidades, as esperas e pretensões dos usuários e suas atividades.

6.1 Tecnologias assistivas para indivíduos com deficiências visuais

Tecnologia assistiva é um conceito atual bastante usado para qualificar tudo o que possa acrescentar ou propiciar benefícios à vida de indivíduos portadores de algum tipo de deficiência ou limitação. Essa assistência pode ocorrer por meio de um mecanismo ou serviço que proporcione uma vida mais autônoma. Essa tecnologia corresponde a uma enorme gama de máquinas, serviços, padrões e táticas criadas e empregadas a fim de diminuir dificuldades. Assim, tais mecanismos nada mais são do que itens, equipamentos desenvolvidos em série, ou sob medida, com a intenção de aprimorar, ampliar ou manter as ações utilitárias dos indivíduos portadores de algum tipo de deficiência. Os serviços, por sua vez, são aqueles ofertados para ajudar os indivíduos com deficiência, com a intenção de que possam utilizar-se desse meio de maneira mais independente (Melo, 2010).

Melo (2010, p. 42-43), em sua pesquisa, cita a lei norte-americana n. 100-407, de 1998, que regulamenta o direito do cidadão com necessidades especiais e categoriza as tecnologias assistivas em 11 classes, que visam melhorar o bem-estar e a inclusão social dessas pessoas, conforme segue:

1. Auxílios para a vida diária: Materiais e produtos para auxílio em tarefas rotineiras tais como comer, cozinhar, vestir-se, tomar banho e executar necessidades pessoais, manutenção da casa etc.;
2. CAA (CSA) Comunicação aumentativo (suplementar) e alternativa. Recursos eletrônicos ou não, que permitem a comunicação expressiva e receptiva das pessoas sem a fala ou com limitações da mesma. São muito utilizadas as

pranchas de comunicação com os símbolos PCS ou Bliss além de vocalizadores e softwares dedicados para este fim;

3. Recursos de acessibilidade ao computador: Equipamentos de entrada e saída (síntese de voz, Braille), auxílios alternativos de acesso (ponteiras de cabeça, de luz), teclados modificados ou alternativos, acionadores, softwares especiais (de reconhecimento de voz etc.), que permitem as pessoas com deficiência usarem o computador;

4. Sistemas de controle de ambiente: Sistemas eletrônicos que permitem as pessoas com limitações motolocomotoras, controlar remotamente aparelhos eletroeletrônicos, sistemas de segurança, entre outros, localizados em seu quarto, sala, escritório, casa e arreadores;

5. Projetos arquitetônicos para acessibilidade: Adaptações estruturais e reformas na casa e/ou ambiente de trabalho, através de rampas, elevadores, adaptações em banheiros entre outras, que retiram ou reduzem as barreiras físicas, facilitando a locomoção da pessoa com deficiência;

6. Órteses e próteses: Troca ou ajuste de partes do corpo, faltantes ou de funcionamento comprometido, por membros artificiais ou outros recursos ortopédicos (talas, apoios etc.). Incluem-se os protéticos para auxiliar nos déficits ou limitações cognitivas, como os gravadores de fita magnética ou digital que funcionam como lembretes instantâneos;

7. Adequação Postural: Adaptações para cadeira de rodas ou outro sistema de sentar visando o conforto e distribuição adequada da pressão na superfície da pele (almofadas especiais, assentos e encostos anatômicos), bem como posicionadores e contentores que propiciam maior estabilidade e postura adequada do corpo através do suporte e posicionamento de tronco/cabeça/membros;

8. Auxílios de mobilidade: Cadeiras de rodas manuais e motorizadas, bases móveis, andadores, *scooters* de três rodas e qualquer outro veículo utilizado na melhoria da mobilidade pessoal;

9. Auxílios para indivíduos cegos ou com visão subnormal: Auxílios para grupos específicos que inclui lupas e lentes, Braille para equipamentos com síntese de voz, grandes telas de impressão, sistema de TV com aumento para leitura de documentos, publicações etc.;
10. Auxílios para surdos ou com déficit auditivo: Auxílios que inclui vários equipamentos (infravermelho, FM) aparelhos para surdez, telefones com teclado – teletipo (TTY), sistemas com alerta tátil-visual, entre outros;
11. Adaptações em veículos: Acessórios e adaptações que possibilitam a condução do veículo, elevadores para cadeiras de rodas, camionetas modificadas e outros veículos automotores usados no transporte pessoal.

O autor enfatiza que os indivíduos com deficiência visual têm uma grande quantidade de artifícios para conseguir usar o computador, bem como ter acesso à internet, como:

- **Ampliadores de tela** – São *softwares* que aumentam todo o conteúdo exibido no computador, permitindo que o usuário com deficiência visual navegue por qualquer tipo de *site*. Esses *softwares* estão disponíveis no mercado e com esses sistemas operacionais já instalados.
- **Navegadores textuais** – São *softwares* com base em texto, não contando com interface diagramada. Normalmente, são operados por indivíduos que têm um comprometimento sério no campo de visão, demandando o apoio de um leitor de telas.
- **Leitores de tela** – São *softwares* confeccionados para ajudar indivíduos que apresentam algum problema na visão, visto que facilitam a atuação do usuário na execução de tarefas básicas, como realizar consultas na internet, ler ou editar textos, fazer uso de *softwares* especiais, jogos, entre outros. Os leitores de tela são

qualificados por terem condensadores de voz, que facilitam o ato da leitura e a realização de atividades.

6.2 Ergonomia e sinalização

Considera-se sinalização um grupo de impulsos que dispõem o comportamento do sujeito que os recebe, o que ocorre por meio de determinadas situações de perigo ou proteção, por exemplo. Essa sinalização pode ser destacada com o uso dos cinco sentidos, uma vez que o indivíduo tem reações de autodefesa que o preservam contra riscos compreensíveis aos sentidos, e mesmo que não perceba está frequentemente se protegendo dos fatores externos que propiciariam algum malefício (Bormio; Silva, 2007).

Ao se tratar especialmente da sinalização visual, o objetivo é propagar uma ideia através de códigos, pictogramas, sinais e cores. Qualquer um desses recursos tem de ser transparente, objetivo e ágil, além de acessível e compreensível, dissolvendo obstáculos linguísticos e de cultura e propiciando, segundo Bormio e Silva (2007), a globalização na transferência de informações. Entre as informações passíveis de serem transmitidas, pode-se mencionar orientações de segurança, precaução, proteção, normas de conduta para algumas circunstâncias, bem como viabilizar localização, reconhecimento e tráfego em ambientes.

De acordo com Bormio e Silva (2007), um planejamento de sistema de informação apropriado precisa contemplar os cinco princípios gerais descritos a seguir:

1. **Quantidade de informação**
   › O sistema precisa oferecer todo o esclarecimento fundamental para a execução de cada tarefa.
   › O sistema deve impedir que informações não referentes à atividade comprometam de forma negativa a atenção do indivíduo.
2. **Temática informacional**
   › Deve-se evitar ambiguidades; para tanto, a ideia precisa conter um único sentido.
   › A ideia precisa ser expressa de maneira objetiva, clara e, se necessário, ser retificada.
3. **Distribuição da informação**
   › A informação precisa ser organizada de maneira conhecida ao usuário, fazendo uso prioritário de classes e subclasses, criadas por meio de estratégias de design participativo.
   › Conjuntos de ideias diferentes necessitam ser especificados, podendo ser utilizada algum tipo de técnica de simbologia gráfica.
4. **Exposição da informação**
   › Os elementos informacionais precisam ser diferenciados conforme seu de grau de posição ou de importância para a execução da atividade.
   › Os assuntos devem ser retratados em letras visíveis, além de serem compreensíveis e coloridos de forma que auxiliem a leitura.
   › Os símbolos precisam ser visivelmente nítidos e esclarecedores ao indivíduo que faz uso do sistema informacional. Os conteúdos devem ser evidentes e de simples leiturabilidade (observando fatores como o espaçamento entre linhas e palavras, entre outros).

5. **Disponibilidade à informação**
   › Toda informação deve estar alocada em área que seja visível ao indivíduo a que se remete (observando o campo de visão e a harmonia daquilo que se lê).

- A obtenção da informação precisa ser simples e ágil (a organização do sistema deve ressaltar os elementos informacionais e os *links* nos textos maiores precisam ser bem indicados).

Segundo Bormio e Silva (2007), a disposição de sinalização deve contar com um emprego apropriado da cor, que seja coerente com a geometria pré-estabelecida; afinal, cada uma delas carrega um conceito que simboliza uma indicação de segurança, tipificando as possibilidades de ameaças presentes na área de localização a cobrir.

Logo, entende-se que sinalizar consiste em uma atitude de identificação e direcionamento por meio de sinais dispostos no ambiente, a fim de que todos façam uso dele. Na sinalização, as informações precisam ter apenas uma interpretação. Busca-se reprimir quase totalmente o uso de mensagens de texto para eliminar o risco de as informações gráficas tornarem-se ambíguas (Silva, 2015).

Os sinais usados para a sinalização subdividem-se em:

- **Orientativos** – Conduzem os indivíduos para seus destinos por meio do uso de setas. Podem ser reunidos conforme a direção, ou seja, os caminhos que estão na mesma rota precisam permanecer em uma única placa. Isso favorece a compreensão e a visualização.

Figura 6.2 – **Placa orientativa**

- **De identificação** – Especifica áreas, "comunicando" ao indivíduo que ele chegou ao local. Por exemplo, sinalização dos números dos andares de um prédio ou de um consultório médico.

Figura 6.3 – **Placa de identificação**

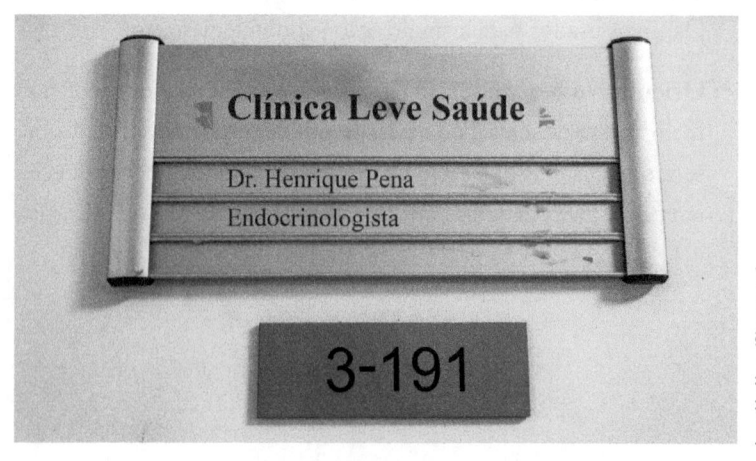

- **De indicação** – Orienta, por meio de metodologias, quais são as melhores formas de usar o espaço, os serviços, as máquinas e os insumos. Um exemplo seria o aviso de segurança.

Figura 6.4 – **Aviso de segurança**

- **Referencial** – Veicula informações sobre a disponibilidade dos serviços e das soluções que o local tem a oferecer e demonstra limitações ou exigências específicas de utilização do ambiente.

Figura 6.5 – **Placa de referência**

DimaSid/Shutterstock

6.2.1 Sinalização em hospitais

No *Manual de sinalização dos hospitais universitários*, elaborado pela Empresa Brasileira de Serviços Hospitalares (Ebserh, 2018), consta que a sinalização dos espaços instituiu uma maneira de comunicação significativa entre uma organização e seu público. Ao procurar atendimento em locais públicos e privados, os indivíduos precisam ser adequadamente informados e orientados quanto a suas finalidades.

Os hospitais normalmente são considerados ambientes enigmáticos, tanto por sua extensa estrutura física quanto por apresentarem vários acessos, edificações e recepções. Os departamentos e espaços de um hospital são nomeados com designações pouco familiares para grande parte de seus pacientes e visitantes, que, diversas vezes, estão vulneráveis e tristes diante dos possíveis transtornos de saúde, o que pode tornar ainda mais complicado o direcionamento no interior do ambiente. Diante disso, é preciso conceber um conjunto de sinalização eficaz, que direcione os indivíduos a seus destinos de forma simples e ágil. Um conjunto de sinalização apropriado não só harmoniza elementos funcionais de informação, padronizando locais e direcionando pessoas, como também contribui para a solidificação da aparência pública da organização, já que impõe um entendimento de regularidade e consideração aos seus usuários. Assim, a sinalização precisa especificar todas as áreas, mostrar caminhos, comunicar acertadamente e avisar sobre as circunstâncias de gravidade e segurança (Ebserh, 2019).

As informações são compostas de textos, cores e simbologias que são empregados em dispositivos físicos (painéis) e têm como objetivo favorecer a movimentação de pessoas e de veículos. Nas áreas hospitalares, a sinalização é de grande relevância, já que propicia a obtenção de informação e promove comodidade e segurança para as locomoções e atitudes de todos os usuários da área, sejam eles os doentes, visitantes, a equipe médica ou os demais funcionários. De acordo com a Ebeserh (2019), as orientações gerais a respeito da sinalização em hospitais seguem os seguintes quesitos:

- **Comunicação visual** – Ao se tratar de dimensões e localizações de usabilidade em locais externos, cada cidade tem suas leis específicas com relação aos elementos de comunicação visual e sua aplicabilidade em edificações, com diretrizes particulares sobre o que é autorizado. Todo projeto de comunicação visual precisa obedecer à legislação em vigor no município.

- **Corpo de bombeiro** – A concepção de sinalização de instrumentos e equipamentos de combate ao fogo e de instrução e salvamento (mapeamento das rotas de fugas) precisam obedecer ao projeto arquitetônico aprovado pelo Corpo de Bombeiros local, além de cumprir a Norma Brasileira de Sinalização de Segurança Contra Incêndio e Pânico (ABNT NBR 13434).
- **Processos de fabricação** – Os sistemas de fabricação dos dispositivos de sinalização precisam obedecer às advertências e recomendações técnicas estabelecidas pelos fabricantes dos materiais, conforme cada insumo específico. No manejo, proveito, trato e método de manufatura de cada insumo, é necessária a observação impreterivelmente da normatização técnica, sem que se descuide das normas de saúde e segurança do trabalho. Com a finalidade de impedir qualquer acontecimento potencialmente danoso e para favorecer o transporte desde o local de fabricação até o espaço de instalação, nenhuma peça deverá estar desprotegida, sendo que elas precisam ser envolvidas em plástico-bolha e guardadas em caixas de papelão.

O *Manual de sinalização dos hospitais universitários* (Ebserh, 2019) preconiza, ainda, que o conjunto de cores concernente à sinalização é estabelecido por três grupos:

1. **Cores institucionais** – Predominantemente utilizadas na sinalização.
2. **Cores complementares** – Aplicadas para indicar espaços ou locais de assistência a pacientes.
3. **Cores de proteção** – Usadas especialmente para a sinalização de segurança.

As cores são estabelecidas em conformidade com três fatores: (1) **matiz**, que diferencia uma cor da outra; (2) **croma**, que é a legitimidade de uma cor; e (3) **brilho**, que fornece uma característica de claro ou escuro. Esses constituintes propiciam a legibilidade da mensagem, ou seja, a visualização. O brilho é obtido por meio do contraste, isto é, pelo uso de letras escuras em fundo claro ou o contrário. A combinação das cores pode seguir os critérios expressos nos Quadros 6.1 e 6.2.

Quadro 6.1 – **Agrupamento de cores visualmente melhores**

Preto sobre fundo amarelo
Preto sobre o fundo branco
Amarelo sobre o fundo preto
Branco sobre o fundo azul
Amarelo sobre o fundo azul
Verde sobre o fundo amarelo
Azul sobre o fundo amarelo
Branco sobre o fundo verde

Quadro 6.2 – **Agrupamento de cores visualmente piores**

Branco sobre o fundo marrom
Marrom sobre o fundo amarelo
Marrom sobre o fundo branco
Amarelo sobre o fundo marrom
Vermelho sobre o fundo branco
Amarelo sobre o fundo vermelho
Vermelho sobre o fundo amarelo
Branco sobre o fundo vermelho

De acordo com Schwertner (2017), o estudo de pictogramas (representação por meio de desenhos) e cores na área da saúde é fundamental para reconhecer como e onde fazer uso desses elementos. Ressaltamos que estes são imprescindíveis para a conscientização de indivíduos analfabetos ou portadores de algum tipo de deficiência e, na maioria das vezes, são mais bem assimilados que os próprios informes. Isso porque os pictogramas são dotados de um estímulo extraordinário para transferir ideias, especialmente quando o nível de alfabetismo é variante e há situações de risco a serem enfatizadas. O maior benefício do uso de pictogramas é que eles ultrapassam as dificuldades colocadas pela comunicação escrita, com a possibilidade de ser entendido por indivíduos analfabetos e/ou por estrangeiros (Paschoarelli; Menezes, 2009).

Silva, Paschoarelli e Silva (2010) esclarecem que, aos pictogramas incumbe propagar informações fundamentais a um grande número de pessoas de idiomas diferentes – porém com características sociais e culturais harmonizantes – e que não teriam conhecimento para ler os códigos existentes nessas mensagens. Para os autores, essa espécie de "ilustração" (pictograma) auxilia o direcionamento em áreas públicas ou privadas e de serviços no geral. Mas, ainda que os pictogramas sejam autoexplicativos e globais, na verdade, enfrentam barreiras culturais. Os autores salientam que a condição de divulgação de ideias por meio de pictogramas determina a criação de signos claros, fáceis e ligeiramente entendíveis. Sendo assim, se faz necessário buscar sistemas gráficos substanciais. De maneira geral, o padrão conceitual precisa mostrar a referência, utilizando uma prática mais simplória, esclarecedora e desprovida de ambiguidades.

A seleção dos materiais para a confecção do sistema de sinalização precisa ser estabelecida considerando-se diversos fatores: custo, características, capacidade de um produto em conservar sua funcionalidade, manutenção, além da adaptação do desenho e do local onde os sinais estariam disponíveis, se em área externa ou interna. Logo, a matéria-prima pode ser plástico, metal, vidro, pedra, concreto e até mesmo cerâmica; o importante é realizar uma escolha consciente com o meio-ambiente e respeitando os gastos possíveis.

PARA SABER MAIS

Recomendamos a leitura do trabalho de Jéssica Schwertner (2017) que trata da sinalização em hospitais por meio dos estudos de design e ergonomia. Nele, a autora propõe um sistema de sinalização para a Associação Hospitalar Beneficente Ajuricaba, localizada em Ajuricaba, no Rio Grande do Sul.

> SCHWERTNER, J. S. **Importância da sinalização em ambientes públicos**: proposta de projeto de sinalização para o hospital de Ajuricaba/RS. 100 f. Monografia (Graduação em Design) – Universidade Regional do Noroeste do Estado do Rio Grande do Sul, Ijuí, 2017. Disponível em: <https://bibliodigital.unijui.edu.br:8443/xmlui/bitstream/handle/123456789/5241/Jessica%20Sibele%20Schwertner.pdf?sequence=1&isAllowed=y>. Acesso em: 17 maio 2021.

Considerações
finais

A importância da ergonomia visual encontra-se – entre tantos outros fatores – na magnitude desse assunto para o desenvolvimento integral dos indivíduos a fim de que tomem atitudes assertivas nos ambientes profissional e pessoal. Esse é o ponto de vista científico que condensa as colaborações subjetivantes, as instigações e as premissas retratadas ao longo dos seis capítulos deste livro.

As ponderações iniciais evidenciaram certas adversidades no que respeita à ergonomia visual, pois a conexão entre conhecimentos teóricos e vivências, bem como a convergência para a interdisciplinaridade, abre um leque de afinidades possíveis e que adentram diversas subáreas da ergonomia. Com o intuito de encontrar um caminho possível a esse debate, evidenciamos a complexidade e demos luz à heterogeneidade de referências técnicas a fim de desenvolver uma metodologia produtiva de construção do saber; por isso, buscamos disponibilizar subsídios práticos para o exercício de design voltado à ergonomia visual.

No Capítulo 1, tratamos das definições e da história da ergonomia. Nos Capítulos 2 e 3, focalizamos as funções do organismo e do metabolismo humano com ênfase na visão, bem como apresentamos o relacionamento da iluminação e das cores nos ambientes, buscando esclarecer o que significa prover de qualidade visual (e de vida) determinado cenário. Já no Capítulo 4, retratamos as maneiras adequadas de se disponibilizar as informações, já que a visão é um dos elementos primordiais na captação de ideias por parte dos indivíduos. Por fim, nos Capítulos 5 e 6, abarcamos os dispositivos de informação, em que uma das técnicas apresentadas foi a lei básica da Gestalt, bastante difundida no meio profissional do designer. Enfatizamos também o relacionamento da ergonomia visual com os usuários de mídias digitais e, ainda, debatemos brevemente sobre a sinalização dos espaços de saúde.

Tomando como base esses temas, o exercício do designer precisa se sustentar em iniciativas mediadoras que estimulem e orientem os demais profissionais na busca pela conscientização da ergonomia visual sob a ótica da saúde e da segurança no trabalho. Parafraseando Iida (2005), acreditamos que a ergonomia é a investigação do convívio dos indivíduos com as inovações tecnológicas, as empresas e os postos de trabalho, visando criar intervenções e projetos com o intuito de promover melhorias, de maneira integrada, à segurança, à comodidade e à eficiência das atividades de cada colaborador. Para tanto, é preciso o designer estar alerta e pronto a fazer orientações ergonômicas aplicáveis às mais distintas tarefas realizadas no dia a dia, no âmbito profissional ou pessoal.

Referências

ABRAHÃO, J. et al. **Introdução à ergonomia**: da prática à teoria. São Paulo: Blucher, 2009.

ALENCAR, L. 5 maneiras cientificamente comprovadas de melhorar a memória. **Galileu**, 16 jun. 2016. Disponível em: <https://revistagalileu.globo.com/Life-Hacks/noticia/2016/06/5-maneiras-cientificamente-comprovadas-de-melhorar-memoria.html>. Acesso em: 12 abr. 2021.

ALENCAR, M. C. B. **Fatores de risco das lombalgias ocupacionais**: o caso de mecânicos de manutenção e produção. 100 f. Dissertação (Mestrado em Engenharia da Produção) – Universidade Federal de Santa Catarina, Florianópolis, 2001. Disponível em: <https://repositorio.ufsc.br/bitstream/handle/123456789/79783/179253.pdf?sequence=1&isAllowed=y>. Acesso em: 12 maio 2021.

ALMEIDA, R. G. A Ergonomia sob a ótica anglo-saxônica e a ótica francesa. **Vértices**, Campos dos Goytacazes/RJ, v. 13, n. 1, p. 115-126, jan./abr. 2011. Disponível em: <https://www.researchgate.net/publication/272906555_Ergonomics_from_the_anglo-saxon_and_French_perspectives>. Acesso em: 11 maio 2021.

AMBROSE, G.; HARRIS, P. **Layout**. Porto Alegre: Bookman, 2012.

ANDREOLI, T. P.; VELOSO, A. R.; BATISTA, L. L. Processamento de marcas pré-atentivo versus atentivo: um teste das diferenças no registro dos estímulos pelos indivíduos. **Remark – Revista brasileira de marketing**, São Paulo, v. 12, n. 4, p. 1-26, out./dez. 2013. Disponível em: <https://periodicos.uninove.br/remark/article/view/12496/6052>. Acesso em: 14 maio 2021.

ARAGÃO, L. K. V. et al. Estudo sobre a importância da utilização de dispositivos de informação e controle em uma marmoraria. In: ENCONTRO NACIONAL DE ENGENHARIA DE PRODUÇÃO, 33., Salvador, 2013. **Anais**... Disponível em: <http://www.abepro.org.br/biblioteca/enegep2013_TN_STP_180_025_23119.pdf>. Acesso em: 17 maio 2021.

ASSIS, J. T. de. **Perspectiva de atenuação do risco ergonômico nas atividades de manutenção como estratégia promotora da segurança do trabalho**. 49 f. Monografia (Especialização em Engenharia de Segurança do Trabalho) – Universidade do Extremo Sul Catarinense, Criciúma, 2015. Disponível em: <http://repositorio.unesc.net/bitstream/1/3303/1/Juliano%20Trist%c3%a3o%20de%20Assis.pdf>. Acesso em: 11 maio 2021.

AZEVEDO, M. de F. M. de; SANTOS, M. S. dos; OLIVEIRA, R. de. **O uso da cor no ambiente de trabalho**: uma ergonomia da percepção. Disponível em: <https://hosting.iar.unicamp.br/lab/luz/ld/Arquitetural/Sa%FAde/o_uso_da_cor_no_ambiente_de_trabalho_uma_ergonomia_da_percepcao.pdf>. Acesso em: 12 maio 2021.

BARRETO, A. de A. A condição da informação. **São Paulo em Perspectiva**, São Paulo, v. 16, n. 3, p. 67-74, 2002. Disponível em: <https://www.scielo.br/pdf/spp/v16n3/13563.pdf>. Acesso em: 14 maio 2021.

BATISTA, C. R. **Modelo e diretrizes para o processo de design de interface web adaptativa**. 158 f. Tese (Doutorado em Engenharia e Gestão do Conhecimento) – Universidade Federal de Santa Catarina, Florianópolis, 2008. Disponível em: <http://btd.egc.ufsc.br/wp-content/uploads/2010/06/Claudia-Regina-Batista.pdf>. Acesso em: 12 maio 2021.

BERNARDINO, J. L.; SERPA, E. **Adaptações neuromusculares nas fases iniciais do treinamento de força e suas contribuições no aluno**. In: SIMPÓSIO DE CIÊNCIAS APLICADAS DA FAIT, 12, Faculdade de Ciências Sociais e Agrárias de Itapeva, 2015. Disponível em: <http://fait.revista.inf.br/imagens_arquivos/arquivos_destaque/l5m9H3WCa7f0fbI_2017-1-20-20-31-27.pdf>. Acesso em: 11 maio 2021.

BLUM A.; MERINO, E. A. D. Ergonomia em rótulos de medicamentos: uma análise a partir de princípios do conforto visual. In: ERGODESIGN, USIHC, 15, Recife, 2015. **Anais**... Disponível em: <http://pdf.blucher.com.br.s3-sa-east-1.amazonaws.com/designproceedings/15ergodesign/76-E028.pdf>. Acesso em: 11 maio 2021.

BORMIO, M. F. et al. Aplicação ergonômica da sinalização visual em ambientes de trabalho: estudo de caso SENAI Lençóis Paulista/SP. In: SIMPEP – SIMPÓSIO DE ENGENHARIA DE PRODUÇÃO, 14, 2007. **Anais**... Unesp, 2007. Disponível em: <https://www.researchgate.net/publication/282124871_Aplicacao_ergonomica_da_sinalizacao_visual_em_ambientes_de_trabalho_-_estudo_de_caso_SENAI_Lencois_PaulistaSP>. Acesso em: 17 maio 2021.

BRANDÃO, H. C. L. et al. A história da iluminação elétrica nas residências cariocas no início do século XX registrada na moradia de Rui Barbosa. **Escritos**, n. 7, 2013. Disponível em: <http://escritos.rb.gov.br/numero07/escritos%207_08_a%20historia%20da%20iluminacao.pdf>. Acesso em: 12 maio 2021.

BRASIL. Decreto-Lei n. 5.452, de 1º de maio de 1943. **Diário Oficial da União**, Poder Executivo, Brasília, DF, 9 ago. 1943. Disponível em: <http://www.planalto.gov.br/ccivil_03/decreto-lei/del5452.htm>. Acesso em: 11 maio 2021.

BRASIL. Lei n. 8.213, de 24 de julho 1991. **Diário Oficial da União**, Poder Executivo, Brasília, DF, 25 julho 1991. Disponível em: <http://www.planalto.gov.br/ccivil_03/leis/l8213compilado.htm>. Acesso em: 11 maio 2021.

CAROMANO, F. A. et al. Efeitos fisiológicos de sessão de hidroterapia em crianças portadoras de distrofia muscular de Duchenne. **Revista de Fisioterapia da Universidade de São Paulo**, v. 5, n. 1, p. 49-55, jan./jun. 1998. Disponível em: <https://www.revistas.usp.br/fpusp/article/view/76912/80773>. Acesso em: 12 maio 2021.

CARVALHO, L. 7 truques e hábitos para melhorar de vez sua memória. **Exame**, 17 abr. 2015. Disponível em: <https://exame.com/ciencia/truques-e-habitos-para-melhorar-de-vez-sua-memoria/>. Acesso em: 14 maio 2021.

CHAUD, V. M. **Modelagem do sistema neuromuscular humano para estudo de contrações isométricas**. 130 f. Dissertação (Mestrado em Engenharia Elétrica) – Universidade de São Paulo, São Paulo, 2013. Disponível em: <https://www.teses.usp.br/teses/disponiveis/3/3142/tde-30072013-204749/publico/Dissertacao_VMChaud_unprotected.pdf>. Acesso em: 12 maio 2021.

CORRÊA, C. M. C. **Fatores que participam da tomada de decisão em humanos**. 55 f. Dissertação (Mestrado em Neurociências e Comportamento) – Universidade de São Paulo, São Paulo, 2011. Disponível em: <https://teses.usp.br/teses/disponiveis/47/47135/tde-16042012-163915/publico/correa_me.pdf>. Acesso em: 14 maio 2021.

CORRÊA, R. C. R. Uma proposta de reabilitação neuropsicológica através do programa de enriquecimento instrumental (PEI). **Ciências & Cognição**, v. 14, n. 2, p. 47-58, jul. 2009. Disponível em: <http://pepsic.bvsalud.org/pdf/cc/v14n2/v14n2a05.pdf>. Acesso em: 11 maio 2021.

CORTEZ, H. B. T. de. **Qualidade de vida no trabalho sob a ótica da macroergonomia**. 109 f. Dissertação (Mestrado em Engenharia com ênfase em Ergonomia) – Universidade Federal do Rio Grande do Sul, Porto Alegre, 2004. Disponível em: < https://lume.ufrgs.br/bitstream/handle/10183/5014/000463252.pdf?sequence=1&isAllowed=y>. Acesso em: 11 maio 2021.

CRUZ, H. R. R. S. **Avaliação pós-ocupação e apreciação ergonômica do ambiente construído**: um estudo de caso. 139 f. Dissertação (Mestrado em Engenharia de Produção) – Universidade Federal de Pernambuco, Recife, 2006. Disponível em: <https://repositorio.ufpe.br/bitstream/123456789/5824/1/arquivo7379_1.pdf>. Acesso em: 11 maio 2021.

COSTA, L.; XAVIER, A. A. P. Análise da relação entre a postura de trabalho e a incidência de dores nos ombros e no pescoço numa empresa de desenvolvimento e implantação de sistemas de GED. In: ENCONTRO NACIONAL DE ENGENHARIA DE PRODUÇÃO, 26., Fortaleza, 2006.

Anais... Disponível em: <http://www.abepro.org.br/biblioteca/enegep2006_TR500333_7075.pdf>. Acesso em: 17 maio 2021.

CUNHA, F. M. B.; SCOLA, R. H.; WERNECK, L. C. Miastenia grave: avaliação clínica de 153 pacientes. **Arquivos de neuropsiquiatria**, v. 57, n. 2-B, p. 457-464, jun. 1999. Disponível em: <https://www.scielo.br/pdf/anp/v57n2B/1451.pdf>. Acesso em: 12 maio 2021.

DARABAS, K. C.; COMIM, C. M.; TUON, L. Análise da funcionalidade e qualidade de vida em pacientes portadores de doenças neuromusculares. **Fisioterapia Brasil**, v. 10, n. 4, p. 241-247, jul./ago. 2009. Disponível em: <http://www.portalatlanticaeditora.com.br/index.php/fisioterapiabrasil/article/view/1537/2643>. Acesso em: 12 maio 2021.

EBSERH – Empresa Brasileira de Serviços Hospitalares. Ministério da Educação. **Manual de sinalização dos hospitais universitários**. Brasília: EBSERH, 2018 Disponível em: <https://www.gov.br/ebserh/pt-br/acesso-a-informacao/institucional/legislacao-e-normas/legislacao-e-normas-de--infraestrutura/manual-sinaliz-ebserh_v6-0_imprimir-versao--para-imprimir-17102019.pdf/view>. Acesso em: 14 abr. 2021.

ERGONOMIA: 3 erros comuns na rotina de um trabalho no escritório. **Prolabore**. Disponível em: <https://pro-labore.com/ergonomia-3-erros-comuns-na-rotina-de-trabalho-no-escritorio/>. Acesso em: 11 maio 2021.

FERREIRA, G. C. Redes sociais de informação: uma história e um estudo de caso. **Perspectivas em Ciência da Informação**, v. 16, n. 3, p. 208-231, jul./set. 2011. Disponível em: <https://www.scielo.br/pdf/pci/v16n3/13.pdf>. Acesso em: 17 maio 2021.

FERREIRA, L. de N.; FERREIRA, P. L.; GONÇALVES, M. S. Ganhos em saúdes em doentes com cataratas. **Notas económicas**, n. 23, jun. 2006. Disponível em: <https://www.uc.pt/feuc/notas-economicas/docs/artigos_publicados/pdf/ne023n0174>. Acesso em: 17 maio 2021.

FLORES, C. O que é Ergonomia? Por que a tratamos tão mal? **Saber SST**, 18 jan. 2017. Disponível em: <https://www.sabersst.com.br/ergonomia_conceito/>. Acesso em: 11 maio 2021.

FONSECA, J. F.; RHEINGANTZ, P. A. O ambiente está adequado? Prosseguindo com a discussão. **Produção**, v. 19, n. 3, p. 502-513, set./dez. 2009. Disponível em: <https://www.scielo.br/pdf/prod/v19n3/08.pdf>. Acesso em: 11 maio 2021.

FRANCESCHI, A. de. **Ergonomia**. Santa Maria: Universidade Federal de Santa Maria; Colégio Técnico Industrial de Santa Maria; Rede e-Tec Brasil, 2013. Disponível em: <https://www.ufsm.br/app/uploads/sites/413/2018/11/12_ergonomia.pdf>. Acesso em: 11 maio 2021.

GARRITY, J. Considerações gerais sobre doenças do nervo óptico. **Manual MSD**, jun. 2020. Disponível em: <https://www.msdmanuals.com/pt/casa/dist%C3%BArbios-oftalmol%C3%B3gicos/doen%C3%A7as-do-nervo-%C3%B3ptico/considera%C3%A7%C3%B5es-gerais-sobre-doen%C3%A7as-do-nervo-%C3%B3ptico/>. Acesso em: 12 maio 2021.

GENTIL, R. M. et al. Síndrome da visão do computador. **Science in Health**, v. 2, n. 1, p. 64-66, jan./abr. 2011. Disponível em: <http://arquivos.cruzeirodosuleducacional.edu.br/principal/new/revista_scienceinhealth/04_jan_abr_2011/science_01_64_6_2011.pdf>. Acesso em: 12 maio 2021.

GIACHETI, C. M.; GIMENIZ-PASCHOAL, S. R. (Org.). **Perspectivas multidisciplinares em fonoaudiologia**: da avaliação à intervenção. Marília: Oficina Universitária; São Paulo: Cultura Acadêmica, 2013. Disponível em: <http://biblioteca.clacso.edu.ar/Brasil/ffc-unesp/20170831053330/pdf_269.pdf>. Acesso em: 12 maio 2021.

GONÇALVES, A. **Você conhece a Ergonomia Cognitiva?** 8 mar. 2017. Disponível em: <https://www.youtube.com/watch?v=359E3N8MFRM>. Acesso em: 17 maio 2021.

GRANDJEAN, E. **Manual da ergonomia**: adaptando o trabalho ao homem. Porto Alegre: Bookman, 1998.

HEALTH & CARE. Afinal, o que é ergonomia cognitiva e quais seus benefícios. Disponível em: <https://nucleohealthcare.com.br/2017/12/19/afinal-o-que-e-ergonomia-cognitiva-e-quais-seus-beneficios/>. Acesso em: 11 maio 2021.

HONORATO, L. Cromoterapia: conheça os benefícios para a saúde e significado das cores. **O Estado de S.Paulo**, fev. 2019. Disponível em: <https://emais.estadao.com.br/noticias/bem-estar,cromoterapia-conheca-os-beneficios-para-a-saude-e-significado-das-cores,70002703617/>. Acesso em: 12 maio 2021.

HOUAISS, A.; VILLAR, M. de S. **Dicionário eletrônico Houaiss da língua portuguesa**. versão 3.0. Rio de Janeiro: Instituto Antônio Houaiss; Objetiva, 2009.

IIDA, I. **Ergonomia**: projeto e produção. 2. ed. São Paulo: Edgard Blucher. 2005.

JANDREH. O que é Gestalt? Saiba tudo sobre as leis da Gestalt. **4ED,** 21 maio 2019. Disponível em: <https://4ed.cc/gestalt/>. Acesso em: 17 maio 2021.

JOU, G. I. de. Atenção seletiva: um estudo sobre cegueira por desatenção. **Psicologia.pt,** 2006. Disponível em: <https://www.psicologia.pt/artigos/ver_artigo.php?codigo=A0305>. Acesso em: 14 maio 2021.

KLEIN, G. A. **Fontes de poder:** o modo como as pessoas tomam decisões. Lisboa: Instituto Piaget, 1998.

LACY, M. L. **O poder das cores no equilíbrio dos ambientes**. São Paulo: Pensamento, 2002.

LÁUAR, A. C. F. et al. A origem da ergonomia na Europa: contribuições específicas da Inglaterra e da França. In: SILVA, J. C. P.; PASCHOARELLI, L. C. (Org.). **A evolução histórica da ergonomia no mundo e seus pioneiros.** São Paulo: Unesp; Cultura Acadêmica, 2010. p. 55-60.

LAUAR, A. C. F. **Comparação entre a percepção e a normatização sobre iluminação em ambientes ocupacionais:** estudo de caso em uma empresa florestal. Dissertação (Mestrado em Desenho Industrial) – Faculdade de Arquitetura, Artes e Comunicação da Universidade Estadual Paulista "Júlio de Mesquita Filho", Bauru, 2012. Disponível em: <https://repositorio.unesp.br/bitstream/handle/11449/89688/lauar_acf_me_bauru.pdf?sequence=1&isAllowed=y>. Acesso em: 14 maio 2021.

LAVILLE, A. Referências para uma história da ergonomia francófona. In: FALZON, P. (Ed.). **Ergonomia**. São Paulo: Blucher, 2007. p. 21-32.

LENTS, J.; SANTOS, M. F. Ergonomia cognitiva mediante as necessidades organizacionais. In: COLÓQUIO INTERNACIONAL EDUCAÇÃO E CONTEMPORANEIDADE, 6., São Cristóvão – SE, set. 2012. **Anais**... Disponível em: <https://ri.ufs.br/bitstream/riufs/10114/41/40.pdf>. Acesso em: 11 maio 2021.

MAIA, A. C. **A evolução da iluminação pública**: gestão, eficiência e modernização. 80 f. Monografia (Graduação em Engenheiro de Controle e Automação) – Universidade Federal de Ouro Preto, Ouro Preto, 2018. Disponível em: <https://www.monografias.ufop.br/bitstream/35400000/1637/1/MONOGRAFIA_Evolu%c3%a7%c3%a3oIlumina%c3%a7%c3%a3oP%c3%bablica.pdf>. Acesso em: 12 maio 2021.

MARÇAL, M. A.; FANTAUZZI, M. de O. Avaliação da prevalência de lombalgia em uma equipe de enfermagem e as condições ergonômicas de seu trabalho. In: CONGRESSO BRASILEIRO DE FISIOTERAPIA DO TRABALHO, ABRAFIT – ASSOCIAÇÃO BRASILEIRA DE FISIOTERAPIA DO TRABALHO, São Paulo, ago. 2009. Disponível em: <https://www.researchgate.net/publication/258312162_AVALIACAO_DA_PREVALENCIA_DE_LOMBALGIA_EM_UMA_EQUIPE_DE_ENFERMAGEM_E_AS_CONDICOES_ERGONOMICAS_DE_SEU_TRABALHO>. Acesso em: 12 maio 2021.

MARQUES, M. O efeito das cores no ambiente de trabalho. **Marcus Marques**, 29 maio 2017. Disponível em: <http://marcusmarques.com.br/pequenas-e-medias-empresas/efeito-das-cores-no-ambiente-de-trabalho/>. Acesso em: 12 maio 2021.

MELO, A. R. **Avaliação ergonômica de *websites* para uso por pessoas com deficiência visual através da interface humano-computador**. 167 f. Dissertação (Mestrado em Design e Ergonomia) – Universidade Federal de Pernambuco, Recife, 2010. Disponível em: <https://repositorio.ufpe.br/bitstream/123456789/3494/1/arquivo479_1.pdf>. Acesso em: 17 maio 2021.

MENDES, H. 8 princípios da Gestalt para você criar bons conteúdos visuais. **Mkt digital 360°**, 28 set. 2020. Disponível em: <https://whitecom.com.br/8-principios-da-gestalt/>. Acesso em: 17 maio 2021.

MOLINA, F.; GUTERRES, L. M. B.; BRAGANÇA, G. C. M. Alterações posturais na coluna cervical de um grupo de trabalhadores de mídias digitais da Urcamp/Bagé-RS. **Congrega**, 2018. Disponível em: <http://revista.urcamp.tche.br/index.php/rcmtcc/article/view/2988/2097>. Acesso em: 17 maio 2021.

MORAES, A. M.; PEQUINI, S. M. **Ergodesign**: para trabalho em terminais informatizados. Rio de Janeiro: 2AB, 2000.

MORAES, P. L. Visão. **Brasil Escola**. Disponível em: <https://brasilescola.uol.com.br/oscincosentidos/visao.htm>. Acesso em: 12 maio 2021.

MOURÃO JÚNIOR, C. A.; FARIA, N. C. Memória. **Psychology – Psicologia, Reflexão e Crítica**, v. 28, n. 4, p. 780-788, 2015. Disponível em: <https://www.scielo.br/pdf/prc/v28n4/0102-7972-prc-28-04-00780.pdf>. Acesso em: 14 maio 2021.

NISHIDA, S. M. **Sentido da visão**. Apostila do curso de Fisiologia – Universidade Estadual Paulista "Júlio de Mesquita Filho", Botucatu, 2012. Disponível em: <https://www.biologia.bio.br/curso/1%C2%BA%20per%C3%ADodo%20Faciplac/08.sentido_visao.pdf>. Acesso em: 17 maio 2021.

O QUE É uma cadeira ergonômica? **RS Design**. Disponível em: <https://www.rsdesign.com.br/o-que-e-uma-cadeira-ergonomica/>. Acesso em: 11 maio 2021.

OESTERREICH, T. B. **Percepção e tomada de decisão**. Disponível em: <https://taisbrenner.files.wordpress.com/2010/03/percepcao-e-tomada-de-decisao.pdf>. Acesso em: 14 maio 2021.

OKIMOTO, M. L. L. R. **Estudo ergonômico das tarefas visuais aplicado à inspeção de produtos industriais**. Tese (Doutorado em Engenharia da Produção) – Universidade Federal de Santa Catarina, Florianópolis, 2000. Disponível em: <https://repositorio.ufsc.br/bitstream/handle/123456789/78389/171575.pdf?sequence=1&isAllowed=y>. Acesso em: 14 maio 2021.

OLIVEIRA, A. F. Entenda o que é e qual a importância da ergonomia cognitiva. **Beecorp**, 7 maio 2019. Disponível em: <https://beecorp.com.br/blog/ergonomia-cognitiva/>. Acesso em: 11 maio 2021.

OLIVEIRA, A. O. de. **Estudo teórico sobre percepção sensorial**: comparação entre Willian James e Joaquin Fuster. 88 f. Dissertação (Mestrado em Psicologia) – Universidade Federal de Juiz de Fora, Juiz de Fora, 2012. Disponível em: <https://www.ufjf.br/ppgpsicologia/files/2010/01/Andr%c3%a9a-Olimpio-de-Oliveira.pdf>. Acesso em: 14 maio 2021.

PADILHA, C. **Ergonomia industrial**. Indaial: Uniasselvi, 2013. Disponível em: <https://www.uniasselvi.com.br/extranet/layout/request/trilha/materiais/livro/livro.php?codigo=15498>. Acesso em: 12 maio 2021.

PAIS, A. M. G. **Condições de iluminação em ambiente de escritório**: influência no conforto visual. Dissertação (Mestrado em Ergonomia na Segurança do Trabalho) – Universidade Técnica de Lisboa, Lisboa, 2011. Disponível em: <https://www.repository.utl.pt/bitstream/10400.5/3048/1/Microsoft%20Word%20-%20Tese%20dEFINITIVA2.pdf>. Acesso em: 14 maio 2021.

PASCHOARELLI, L. C.; MENEZES, M. dos S. **Design e ergonomia**: aspectos tecnológicos. São Paulo: Cultura Acadêmica, 2009.

PEQUINI, P. C. **Intervenção ergonômica e suas implicações na produtividade e satisfação dos funcionários**: estudo de caso de lavanderia industrial. 104 f. Monografia (Graduação em Engenharia de Produção com ênfase em Gestão Empresarial) – Faculdade de Ciência e Tecnologia, Salvador, 2007. Disponível em: <http://posdesign.com.br/home/2016/12/25/paolo-pequini/>. Acesso em: 11 maio 2021.

PIZO, C. A.; MENEGON; N. L. Análise ergonômica do trabalho e o reconhecimento científico do conhecimento gerado. **Produção**, v. 20, n. 4, p. 657-668, out./dez. 2010. Disponível em: <https://www.scielo.br/pdf/prod/v20n4/AOP_200902028.pdf>. Acesso em: 11 maio 2021.

QUEIROZ, M. T. A. Estudo de caso: impactos da iluminação inadequada em área de internação hospitalar. In: SEGeT – SIMPÓSIO DE EXCELÊNCIA EM GESTÃO E TECNOLOGIA, 7., São Paulo, 2010. Disponível em: <https://www.aedb.br/seget/arquivos/artigos10/3_ILUMINACAO%20REVISADO.pdf>. Acesso em: 12 maio 2021.

RÉGIS FILHO, G. I. R. Síndrome da má-adaptação ao trabalho em turnos: uma abordagem ergonômica. **Produção**, v. 11, n. 2, abr. 2002. Disponível em: <https://www.scielo.br/pdf/prod/v11n2/v11n2a05.pdf>. Acesso em: 14 maio 2021.

REITZ, D. S.; AMARAL, F. G.; CYBIS, W. de A. Abordagem ergonômica de avaliação de *websites* no âmbito da educação à distância. **Renote**, v. 2, n. 2, nov. 2004. Disponível em: <https://seer.ufrgs.br/renote/article/view/13683/9936>. Acesso em: 17 maio 2021.

RIBEIRO, A. de S.; RODRIGUES, S. T.; FARIA, J. R. G. de. Ergonomia de interfaces digitais: efeito do ofuscamento refletido sobre o desempenho visual. **Revista Inspirar: movimento e saúde**, v. 18, n. 4, out./dez. 2018. Disponível em: <https://www.inspirar.com.br/wp-content/uploads/2018/12/ERGONOMIA-.pdf>. Acesso em: 14 maio 2021.

RIBEIRO, M. da C. S. **As cores e a visão das cores**. 86 f. Dissertação (Mestrado em Optometria em Ciências da Visão) – Universidade da Beira Interior, Covilhã, Portugal, 2011. Disponível em: <https://ubibliorum.ubi.pt/bitstream/10400.6/1027/1/As%20cores%20e%20a%20Vis%C3%A3o%20e%20a%20Vis%C3%A3o%20das%20Cores.pdf>. Acesso em: 12 maio 2021.

RIES, E.; RODRIGUES, E. W. (Org.). **Psicologia e educação**: fundamentos e reflexões. Porto Alegre: EdiPUCRS, 2004.

ROCHA, C. M. **A influência cognitiva do tomador de decisão no processamento de informações sob a ótica da racionalidade limitada**. 98 f. Dissertação (Mestrado Profissional em Administração) – Universidade de Estadual do Centro-Oeste, Guarapuava, 2016. Disponível em: <http://www2.unicentro.br/ppgadm/files/2017/03/Disserta%C3%A7%C3%A3o-Carla-Marlana-Rocha-final-ok.pdf?x35443>. Acesso em: 12 maio 2021.

ROCHA, L. Cores: significados, tipos, e influência das cores no cérebro humano. **Segredos do Mundo**, dez. 2019. Disponível em: <https://segredosdomundo.r7.com/cores-significados-tipos-e-influencia-das-cores-no-cerebro-humano/>. Acesso em: 8 abr. 2021.

RODRIGUES JUNIOR, J. F. **Design espacial-perceptivo: uma nova compreensão para representações visuais interativas**. Tese (Doutorado em Ciências de Computação e Matemática Computacional) – Universidade de São Paulo, São Carlos, 2007. Disponível em: <https://teses.usp.br/teses/disponiveis/55/55134/tde-04122007-114239/publico/tese.pdf>. Acesso em: 17 maio 2021.

SANT'ANNA, N. V. et al. Comparação da função visual e do índice de qualidade de vida com uso de óculos ou de lente de contato progressiva. **Arquivos Brasileiros de Oftalmologia**, v. 69, n. 3, p. 349-359, maio/jun. 2006. Disponível em: <https://www.scielo.br/pdf/abo/v69n3/30786.pdf>. Acesso em: 17 maio 2021.

SANTOS, A. O. R. dos; FERREIRA, K. P. M. A LER/Dort no contexto das transformações ocorridas no mundo do trabalho: o caso de *call centers*. JORNADA INTERNACIONAL DE POLÍTICAS PÚBLICAS, 2., Universidade Federal do Maranhão: São Luís, 2005. **Anais**... Disponível em: <http://www.repositorio.ufc.br/bitstream/riufc/34192/1/2005_eve_aorsantoskpmferreira.pdf>. Acesso em: 17 maio 2021.

SANTOS, R. L. G. **Usabilidade de interfaces para sistemas de recuperação de informação na web**: estudo de caso de bibliotecas on-line de universidades federais brasileira. 345 f. Tese (Doutorado em Design) – Pontifícia Universidade Católica do Rio de Janeiro, Rio de Janeiro, 2006. Disponível em: <https://www.maxwell.vrac.puc-rio.br/projetosEspeciais/ETDs/consultas/author.php?prog=5&tipBusca=autor&vog=R>. Acesso em: 17 maio 2021.

SANTOS NETO, L. A. dos. Determinantes ergonômicos da informação visual do projeto gráfico de embalagens de consumo. In: ENCONTRO NACIONAL DE ENGENHARIA DE PRODUÇÃO, 19., Universidade Federal do Rio de Janeiro, UFRJ, Rio de Janeiro, 1999. **Anais**... Disponível em: <http://www.abepro.org.br/biblioteca/ENEGEP1999_A0046.PDF>. Acesso em: 14 maio 2021.

SCHWERTNER, J. S. **Importância da sinalização em ambientes públicos**: proposta de projeto de sinalização para o hospital de Ajuricaba/RS. 100 f. Monografia (Graduação em Design) – Universidade Regional do Noroeste do Estado do Rio Grande do Sul, Ijuí, 2017. Disponível em: <https://bibliodigital.unijui.edu.br:8443/xmlui/bitstream/handle/123456789/5241/Jessica%20Sibele%20Schwertner.pdf?sequence=1&isAllowed=y>. Acesso em: 17 maio 2021.

SILVA, D. Linguagem e processo de comunicação. **Estudo Prático**, 5 jun. 2015. Disponível em: <https://www.estudopratico.com.br/linguagem-e-processos-de-comunicacao/>. Acesso em: 17 maio 2021.

SILVA, E. R. G. da. et al. Processamento cognitivo da informação para tomada de decisão. **Perspectivas em Gestão & Conhecimento**, v. 1, n. 1, p. 25-39, 2011. Disponível em: <https://periodicos.ufpb.br/ojs2/index.php/pgc/article/view/9081/5617>. Acesso em: 14 maio 2021.

SILVA, E. P. C. da. **O uso da ergonomia na prevenção do assédio moral**. 64 f. Monografia. (Graduação em Direito) – Universidade Federal da Bahia, Salvador, 2018. Disponível em: <https://repositorio.ufba.br/ri/bitstream/ri/26480/1/Eug%c3%aanio%20Paceli%20Carvalho%20da%20Silva.pdf>. Acesso em: 11 maio 2021.

SILVA, J. C. P.; PASCHOARELLI L. C.; SILVA, F. M. **Design Ergonômico**: estudos e aplicações. Bauru: FAAC, 2010.

SISTO, F. F. et al. Atenção seletiva visual e o processo de envelhecimento. **Cadernos de Pós-Graduação em Distúrbios do Desenvolvimento**, São Paulo, v. 10, n. 1, p. 93-102, 2010. Disponível em: <http://editorarevistas.mackenzie.br/index.php/cpgdd/article/view/11185/6924>. Acesso em: 14 maio 2021.

TEMPORINI, E. R.; KARA-JOSÉ, N. A perda da visão: estratégias de prevenção. **Arquivos Brasileiros de Oftalmologia**, São Paulo, v. 67, n. 4, p. 597-601, jul./ago. 2004. Disponível em: <https://www.scielo.br/pdf/abo/v67n4/21405.pdf>. Acesso em: 12 maio 2021.

TOFT, Y.; HOWARD, P.; JORGENSEN, D. Human-centred engineers: a model for holistic interdisciplinary communication and professional practice. **International Journal of Industrial Ergonomics**, v. 31, n. 3, p. 195-202, mar. 2003.

TORIKACHVILI, S. A ciência por trás da tomada de decisão. **Educação**, 10 maio 2016. Disponível em: <https://revistaeducacao.com.br/2016/05/10/a-ciencia-por-tras-da-tomada-de-decisao/>. Acesso em: 25 maio 2021.

VERDUSSEN, R. **Ergonomia**: a racionalização humanizada do trabalho. Rio de Janeiro: Livros técnicos e científicos, 1978.

VIDAL, M. C. **Introdução à Ergonomia**. Ceserg – Curso de especialização superior em ergonomia contemporânea do Rio de Janeiro, UFRJ. Disponível em: <http://www.ergonomia.ufpr.br/Introducao%20a%20Ergonomia%20Vidal%20CESERG.pdf>. Acesso em: 11 maio 2021.

VIDAL, M. C. Os paradigmas em ergonomia: uma epistemologia da insatisfação ou uma disciplina para a ação? In: VIDAL, M. C. (Org.). **Textos selecionados em ergonomia contemporânea**. Rio de Janeiro: Gente; Coppe; UFRJ, 1992. Disponível em: <http://professor.ufop.br/sites/default/files/fred/files/primeira_leitura_textos_0.pdf>. Acesso em: 11 maio 2021.

VIEIRA, C. Informação visual. **E-Gov**, 12 maio 2011. Disponível em: <https://egov.ufsc.br/portal/conteudo/lefispedia-informa%C3%A7%C3%A3o-visual>. Acesso em: 17 maio 2021.

VIEIRA, F. M.; BRAVIANO, G. Reflexões sobre o uso dos princípios básicos de ergonomia visual para profissionais de educação a distância. In: ERGODESIGN – CONGRESSO INTERNACIONAL DE ERGONOMIA E USABILIDADE DE INTERFACES HUMANO TECNOLÓGICA: PRODUTO, INFORMAÇÕES AMBIENTES CONSTRUÍDOS E TRANSPORTE, 16.; USIHC – CONGRESSO INTERNACIONAL DE ERGONOMIA E USABILIDADE DE INTERFACES HUMANO COMPUTADOR, 16.; CINAHPA – CONGRESSO INTERNACIONAL DE AMBIENTES HIPERMÍDIA PARA APRENDIZAGEM, 2017. **Anais**... Disponível em: <http://pdf.blucher.com.br.s3-sa-east-1.amazonaws.com/designproceedings/16ergodesign/0096.pdf>. Acesso em: 12 maio 2021.

WAISWOL, M.; CURSINO, J. W.; COHEN, R. Variações nas dimensões do cristalino humano de acordo com a idade. **Arquivos Brasileiros de Oftalmologia**, v. 64, n. 6, p. 507-512, nov./dez. 2001. Disponível em: <https://www.scielo.br/pdf/abo/v64n6/8334.pdf>. Acesso em: 12 maio 2021.

ZAFALÃO, E. A importância da ergonomia no ambiente de trabalho (NR 17). **Saúde Ocupacional.org.**, 27 jan. 2017. Disponível em: <https://www.saudeocupacional.org/2017/01/a-importancia-da-ergonomia-no-ambiente-de-trabalho-nr-17.html>. Acesso em: 11 maio 2021.

Sobre a
autora

Camila Freitas Sarmento é graduada em Tecnologia em Telemática (2011) pelo Instituto Federal da Paraíba (IFPB) e mestre em Ciência da Computação (2016) pela Universidade Federal de Campina Grande (UFCG). Atualmente, é analista de informática e programadora *web* no Instituto Senai de Tecnologia em Automação Industrial (IST) e atua como professora substituta no IFPB. Tem experiência na área de ciência da computação, com ênfase em desenvolvimento *web* e interação homem-computador.

Os papéis utilizados neste livro, certificados por instituições ambientais competentes, são recicláveis, provenientes de fontes renováveis e, portanto, um meio responsável e natural de informação e conhecimento.

```
FSC
www.fsc.org
MISTO
Papel | Apoiando
o manejo florestal
responsável
FSC® C103535
```

✱

Os livros direcionados ao campo do *design* são diagramados com famílias tipográficas históricas. Neste volume, foram utilizadas a **Caslon** – desenhada pelo inglês William Caslon em 1732 e consagradada por ter sido utilizada na primeira impressão da Declaração de Independência Americana – e a **Helvetica** – criada em 1957 por Max Miedinger e Eduard Hoffmannm e adotada, entre outros usos, no logotipo de empresas como a Nasa, a BBC News e a Boeing.

Impressão: Reproset